풍수 인테리어

DOTACOPA NO SIAWASE O YOBU OHEYAHUSUI by Miho Kobayashi
Copyright ⓒ 2008 by Miho Kobayashi
Original Japanese edition published by IZUMI SHOBOH Co. Ltd.
Korean translation rights arranged with IZUMI SHOBOH Co. Ltd.
Korean translation Copyright ⓒ 2011 by Goldenowl Publishing Co.

KISEKI NO PAWADE COUHUCU O YOBICOMU GENKANHUSUI by Mr. Ryu
Copyright ⓒ 2009 by Mr. Ryu
Original Japanese edition published by IZUMI SHOBOH Co. Ltd.
Korean translation rights arranged with IZUMI SHOBOH Co. Ltd.
Korean translation Copyright ⓒ 2011 by Goldenowl Publishing Co.

이 책의 한국어판 저작권은 IZUMI SHOBOH Co. Ltd.와의 독점계약으로 (주)황금부엉이가 소유합니다.
저작권법에 따라 한국 내에서 보호를 받는 저작물이므로 무단 전재와 복제를 금합니다.

풍수 인테리어

우리집에 복과 행운이 넘쳐나는

고바야시 미호 + Mr.류
지음

원곡 곽민석 + 김윤곤
감역

김소라
옮김

누구나 쉽게 따라하면 운명이 바뀐다

BM 황금부엉이

머리말

나쁜 습관을 고쳐 행복을 부르는 법

모두 안녕하세요! 풍수 조언자인 Daughter COPA, 고바야시 미호(Miho Kobayashi)입니다. 이 책은 제가 처음으로 저술한 인테리어 풍수 책입니다.

풍수에서는 의식주가 가장 중요합니다. 그중에서도 집은 당신을 크게 변화시켜 줄 수 있는 아주 중요한 곳입니다. 풍수에서는 살고 있는 집과 가구, 방을 보는 것만으로도 그 사람이 어떤 성격을 지닌 사람인지 알 수 있다고 합니다.

저도 지금까지 많은 집을 가봤는데, 처음 만난 사람이라도 그 사람의 집에 가 보면 정말 놀랄 정도로 그 사람과 똑같은 분위기를 풍기고 있습니다.

애정운이 약한 사람은 역시 애정에 서툰 방을 좋아하고, 애정운이 강한 사람은 애정운이 좋아질 수밖에 없는 곳에서 살고 있습니다. 물론 사업운이 좋은 사람은 사업을 잘할 수 있도록 만들어진 방을, 금전운이 좋은 사람은 금전운이 좋아지는 방을 자연스럽게 선택하고 있었습니다.

방과 인테리어에서 당신의 성격과 습관, 가지고 있는 운기의 습관이 나타납니다!

가지고 있는 운기의 습관이 행복을 향한 것이라면 언젠가는 아주 행복해질 것입니다. 이 책을 읽고 인테리어를 다시 꾸며 행복해질 수 있는 습관을 꼭 만들기를 바랍니다.

사람은 환경에 적응하는 동물이기 때문에 '이렇게 되고 싶어!'라고 생각하면 인생과 성격이 자연스럽게 그렇게 됩니다. 그러므로 불운을 행운으로 바꿀 기회는 얼마든지 있습니다.

자신이 운이 없는 사람이라고 미리 결정하지 말고, 우선 운이 좋아지는 방으로 만들고 나서 판단해보세요. 분명히 자기 자신도 놀랄 정도로 좋은 일이 일어날 것입니다. 그리고 인테리어에 신경 쓰고, 돈을 들여서 꾸미는 것도 중요하지만 내가 지금 살고 있는 집이 너무 좋아서 예쁘게 꾸미는 것도 중요합니다.

집에 대한 애정표현은 청소, 환기, 감사입니다. 집이 즐거우면 그 즐거움이 당신에게도 전해집니다. 인테리어 풍수를 사용하여 더욱 멋진 인생을 보내세요.

머리말 ………………………………………………………………… 4

서장
풍수를 배우자

기초지식 01 _ 풍수란 어떤 것인가? ………………………………… 18
기초지식 02 _ 풍수를 생활에서 사용하자 ………………………… 20
기초지식 03 _ 각 방위가 가진 힘을 알아보자 …………………… 22
기초지식 04 _ 행운점, 돌출, 흠을 알아보자 ……………………… 24
기초지식 05 _ 행복을 부르는 방을 선택하는 방법 ……………… 26
기초지식 06 _ 행운의 힘을 부르는 7가지 수납 법칙 …………… 28
기초지식 07 _ 자신의 본명성(本命星)과 길방위를 알아두자 …… 30

* 운기별 풍수 방 배치 Q & A ~금전운편~ ……………………… 41

제1장
자기진단편

   자기진단 01 _ 이사를 하려고 집을 보러 간다 ·············· 44

   자기진단 02 _ 새 집으로 이사한 당신, 어떻게 꾸밀 것인가? ·········· 48

   * 운기별 풍수 방 배치 Q & A ~건강운편~ ················ 52

제2장
방 배치와 인테리어 풍수

거실과 침실편

   거실과 침실에서 모든 행복을 충전하자 ················ 54

   방위별 풍수 01 _ 거실과 침실이 북쪽에 있다면 온화한 느낌이
                         나도록 꾸미자 ················ 56

   방위별 풍수 02 _ 거실과 침실이 북동쪽에 있다면
                         철저하게 청소하자 ················ 57

   방위별 풍수 03 _ 거실과 침실이 동쪽에 있다면 밝고
                         대중적으로 꾸미자 ················ 58

방위별 풍수 04 _ 거실과 침실이 남동쪽에 있다면
　　　　　　　　좋은 향기가 나게 하자 ················· 59

방위별 풍수 05 _ 거실과 침실이 남쪽에 있다면
　　　　　　　　한 쌍인 물건으로 장식하자 ············· 60

방위별 풍수 06 _ 거실과 침실이 남서쪽에 있다면
　　　　　　　　노란색으로 꾸미자 ··················· 61

방위별 풍수 07 _ 거실과 침실이 서쪽에 있다면
　　　　　　　　고급스럽게 꾸미자 ··················· 62

방위별 풍수 08 _ 거실과 침실이 북서쪽에 있다면
　　　　　　　　부드러운 색으로 꾸미자 ··············· 63

현관편

현관으로 좋은 인간관계운과 사업운을 불러들이자 ············· 64

방위별 풍수 01 _ 현관이 북쪽에 있다면 밝게 비추고,
　　　　　　　　따뜻한 색으로 배색하자 ··············· 66

방위별 풍수 02 _ 현관이 북동쪽에 있다면 흰색 배색으로
　　　　　　　　청결하게 하자 ······················ 67

방위별 풍수 03 _ 현관이 동쪽에 있다면 행운의 아이템을
　　　　　　　　장식해두자 ························· 68

방위별 풍수 04 _ 현관이 남동쪽에 있다면 인테리어를
　　　　　　　　자연스럽게 꾸미자 ··················· 69

Contents

방위별 풍수 05 _ 현관이 남쪽에 있다면 반짝거리고 한 쌍인
아이템을 두자 ··· 70

방위별 풍수 06 _ 현관이 남서쪽에 있다면 심플한 소품으로
정돈하자 ··· 71

방위별 풍수 07 _ 현관이 서쪽에 있다면 노란색 꽃과 과일을 두자 ······ 72

방위별 풍수 08 _ 현관이 북서쪽에 있다면 안정된 분위기로 만들자 ···· 73

부엌편

부엌을 깨끗하게 해서 돈을 모으자 ································ 74

방위별 풍수 01 _ 부엌이 북쪽에 있다면 따뜻한 색으로 꾸미자 ········ 76

방위별 풍수 02 _ 부엌이 북동쪽에 있다면 지저분한 것은 좋지 않다 ··· 77

방위별 풍수 03 _ 부엌이 동쪽에 있다면 밝은 분위기가 나게 하자 ····· 78

방위별 풍수 04 _ 남동쪽에 있는 부엌이 깨끗하다면
금전운은 양호하다 ··· 79

방위별 풍수 05 _ 부엌이 남쪽에 있다면 센스있게 정리하자 ············ 80

방위별 풍수 06 _ 부엌이 남서쪽에 있다면 흙과 관련된 것을 두자 ····· 81

방위별 풍수 07 _ 부엌이 서쪽에 있다면 노란색 소품을 두자 ··········· 82

방위별 풍수 08 _ 부엌이 북서쪽에 있다면 안정적인 색과
소재를 사용하여 꾸미자 ································· 83

욕실과 화장실편

욕실과 화장실에서 문제를 개선하자 ····· 84

방위별 풍수 01 _ 욕실과 화장실이 북쪽에 있다면 밝고 따뜻한
　　　　　　　　느낌이 나게 꾸미자 ····· 86

방위별 풍수 02 _ 욕실과 화장실이 북동쪽에 있다면 구석구석
　　　　　　　　깨끗하게 청소하자 ····· 87

방위별 풍수 03 _ 동쪽에 있는 욕실과 화장실에서
　　　　　　　　기분전환을 하자 ····· 88

방위별 풍수 04 _ 욕실과 화장실이 남동쪽에 있다면
　　　　　　　　꽃을 꽂아두자 ····· 89

방위별 풍수 05 _ 욕실과 화장실이 남쪽에 있다면 식물과 녹색을
　　　　　　　　이용하여 꾸미자 ····· 90

방위별 풍수 06 _ 욕실과 화장실이 남서쪽에 있다면 청결하게
　　　　　　　　유지하는 것이 중요하다 ····· 91

방위별 풍수 07 _ 욕실과 화장실이 서쪽에 있다면 인테리어를
　　　　　　　　화려하게 하자 ····· 92

방위별 풍수 08 _ 욕실과 화장실이 북서쪽에 있다면 인테리어를
　　　　　　　　안정되고 고급스럽게 꾸미자 ····· 93

* 운기별 풍수 방 배치 Q & A ~애정운편~ ····· 94

제3장
수납과 정리 풍수

거실·침실편

사업으로 성공하고 싶은 사람을
위한 거실과 침실 수납 ·· 96

사업운·가정운이 상승하는 아이템·가구별 수납법 ·············· 98

현관편

행복하고 싶은 사람을 위한 현관 수납 기술························ 100

전체운이 상승하는 아이템·가구별 수납법 ·························· 102

부엌편

돈이 모이지 않는 사람은 부엌 수납으로 해결하자! ············ 104

금전운이 상승하는 아이템·가구별 수납법 ·························· 106

욕실·화장실편

이상적인 연애와 건강을 손에 넣는 욕실과 화장실 수납 ······ 108

애정운·건강운이 상승하는 아이템·가구별 수납법 ·············· 109

의류편

항상 행복하게 지내고 싶은 사람을 위한 의류 수납법 ············· 110

좋은 기가 달라붙는 아이템·가구별 수납법 ························ 112

* 운기별 풍수 방 배치 Q & A ~결혼운편~ ························ 114

제4장

현관 청소

깨끗한 것이 운기를 향상시킨다 ·································· 116

행운을 부르는 청소 포인트 ······································ 117

  • 개운청소 ❶ 바닥, 문 ·· 118

  • 개운청소 ❷ 신발장 ··· 120

  • 개운청소 ❸ 현관 밖 ·· 122

  • 개운청소 ❹ 수납 ··· 124

* 풍수 인테리어 적용을 위한 Q & A ~현관 풍수 기본편~ ······ 126

* 깨끗한 신발이 행운을 부른다 ································· 130

풍수 방 배치 진단

풍수전문가의 방 진단 사례 1 ··· 132
풍수전문가의 방 진단 사례 2 ··· 134
풍수전문가의 방 진단 사례 3 ··· 136
풍수전문가의 방 진단 사례 4 ··· 138
풍수전문가의 방 진단 사례 5 ··· 140

행운을 부르는 가장 좋은 현관

종합운 UP _ 이것이 가장 좋은 풍수 현관이다 ················· 146
금전운 UP _ 돈이 모이는 현관 만들기 ······························ 148
애정운 UP _ 사랑하고 싶은 마음이 생기게 하는 현관 만들기 ········150
사업운 UP _ 일이 진척되는 현관 만들기 ·························· 152
건강운 UP _ 항상 건강한 현관 만들기 ······························ 154

행운이 오는 방위 …………………………………………… 156

자신의 본명성을 알아내는 계산법 ……………………………… 157

* 풍수 인테리어 적용을 위한 Q & A ~현관 풍수 기본편~ …… 162
* 풍수에서 중요한 좌청룡이란? ………………………………… 166

제7장
현관 개운 인테리어

인테리어 소품으로 운세를 더욱 향상시키자 ……………………… 168
- 식물 ……………………………………………………………… 170

* 애정운을 향상시키는 방법 ……………………………………… 172
* 인테리어 NO 모음집 …………………………………………… 173

- 장식품 …………………………………………………………… 174
- 거울, 그림, 사진 등 ……………………………………………… 176
- 현관 매트, 슬리퍼, 구둣주걱 등 ………………………………… 178

- 아로마, 소취제 등 ………………………………… 180

* '현관 개운 인테리어' Q & A ……………………………… 181
* 풍수 인테리어 적용을 위한 Q & A ~각 방의 운기편~ ……… 184
* 풍수에서 중요한 집의 3가지 요소 ………………………… 188

길운을 부르는 현관 인테리어

먼저 현관에서 털어내자 ………………………………………… 190

현관의 액과 액막이 방법 ………………………………………… 192

기의 성질을 알면 복도, 부엌, 침실의 운기를 UP! ……………… 198

복도, 계단의 운기를 UP! ……………………………………… 200

부엌, 식당의 운기를 UP! ……………………………………… 202

침실의 운기를 UP! ……………………………………………… 204

* 잘못된 방 배치를 생기있게 만드는 풍수 테크닉 ………… 206

* 인테리어 코디네이터와 풍수 ………………………………………… 207
* 풍수 인테리어 적용을 위한 Q & A ~각 방의 운기편~ …… 208

나가며 ………………………………………………………………… 212
찾아보기 ……………………………………………………………… 214

서장

당신을 행복하게 만드는
풍수를 배우자

'서쪽에는 노란색', '동쪽에는 빨간색'이 좋다는 풍수는 아주 유명한데,
그 전에 먼저 풍수의 사고방식과 유래 등 기본적인 것부터 알아봅니다.

기초지식 1

현재의 불행을 행복으로 바꿀 수 있는
풍수란 어떤 것인가?

모두가 행복해질 수 있도록
평등하게 주어진 학문이다

풍수는 주변환경을 정리하는 것만으로 행복해질 수 있는 환경개운학입니다. 환경이란 입고, 먹고, 놀고, 생활하고, 생각하는 평소에 우리가 일상적으로 하고 있는 모든 것을 말합니다. 행복해지기 위해서 기도하고, 행동으로 옮기면 누구나 행복해질 수 있습니다.

풍수를 점의 일종이라고 착각하는 사람이 가끔 있는데, 풍수는 원래 3000~4000년 전 중국에서 자연과 어울리기 위해서 어떻게 하면 좋을지 계속 생각하고 연구한 결과 생겨난 명백한 생활철학이자 학문입니다.

풍수의 원칙은 자연의
힘을 받아들이는 것이다

인간은 자연환경에 영향을 주면서 진화해왔습니다. 환경이 바뀔 때마다 사고방식을 바꾸어 가며 새로운 문화를 만들어냈습니다. 풍수를 시작하기 위한 첫걸음은 먼저 자연환경을 받아들이는 것부터 시작해야 합니다. 어려운 것은 하나도 없습니다. 당신이 매일 하는 행동 하나하나가 행복과 이어져 있습니다. 예를 들면, 양치질, 옷 입기, 밥 먹기 이 모든 것이 행운을 부르는 행동이 될 수 있습니다. 지금 행복하지 않은 사람이라도 풍수에 맞게 바꾼다면 행복해질 수 있습니다.

풍수를 시작하기 위한 5단계

지금부터 풍수를 시작하려는 사람은 의식주유심(衣食住遊心) 순으로 해보세요. 자연스럽고 간단하게 시작할 수 있습니다.

STEP 1 의(衣)

우선 패션입니다. 옷은 물론 화장과 헤어스타일에도 풍수를 적용합니다.

STEP 2 식(食)

다음은 먹는 것입니다. 하루 세 끼에 풍수를 받아들이면 행복에 큰 영향을 미칩니다.

STEP 3 주(住)

다음은 집입니다. 방 배치와 인테리어에 풍수를 받아들여 행복해지세요.

STEP 4 유(遊)

이것은 취미입니다. 풍수를 받아들이면서 좋아하는 것을 즐기면 행복해질 수 있습니다.

STEP 5 심(心)

마지막은 사고방식입니다. 마음으로 풍수를 이해할 수 있다면 풍수를 터득했다고 할 수 있습니다.

 **기초지식 2**

불행을 멀리하고 행복을 불러들이는
풍수를 생활에서 사용하자

주거환경은 지금 당장 이룰 수 있는 행복을 위해 아주 중요하다

의식주유심과 풍수는 생활에 아주 밀접합니다. 그중에서도 주(住)는 아주 중요합니다. 집은 하루 중 가장 많은 시간을 보내는 곳입니다. 만약 당신의 방이 나쁜 운기로 가득 차 있다면 아무리 집 이외의 분야에서 풍수를 받아들이더라도 자고 있는 동안에 액이 달라붙기 때문에 행복해질 수 없습니다.

물론 집이 생활의 전부는 아니기 때문에 집 이외의 분야에서도 풍수에 유의할 필요가 있습니다. 하지만 행복해지려면 반드시 주거환경을 정돈해야 합니다.

우선 운기가 잘 들어오는 방으로 만들자

행복해지기 위한 풍수술은 많이 있지만 그것을 실천하기 전에, 우선 방을 좋은 기운으로 가득 채우는 방법부터 알아봅니다.

운기는 바람을 따라 들어오기 때문에 통풍이 잘 되는지가 가장 중요합니다. 또, 들어온 운기를 방 안에 가득 채우기 위해서는 정리정돈을 잘해야 합니다.

그 밖에 주거환경을 좋은 기운으로 가득 채우기 위한 포인트(21쪽 참조)를 보고, 그것을 토대로 실제로 풍수를 활용해봅니다.

✿ 주거환경을 좋은 운기로 가득 채우는 6가지 포인트 ✿

POINT 1 집을 깨끗이 청소한다
방을 운기로 채우는 가장 간단한 방법은 청소입니다. 방을 깨끗하게 하여 좋은 운기가 들어오는 방으로 만듭니다.

POINT 2 수납공간을 활용한다
운기가 좋은 방으로 만들기 위해서는 방을 잘 정리하는 것도 중요합니다. 수납가구를 활용하여 방을 깨끗하게 정돈합니다.

POINT 3 현관을 길상(吉相)으로 만든다
인간처럼 좋은 기운도 현관을 통해 들어옵니다. 현관의 운기가 나쁘면 집 전체의 운기도 나빠집니다.

POINT 4 행운점을 활용한다
행운의 통로인 행운점은 행복해지는 데 아주 중요합니다. 이곳을 활용하는 것이 행복해지는 지름길입니다.

POINT 5 방위의 힘을 활용한다
풍수에서 방위의 힘은 아주 큰 의미가 있습니다. 각각의 방위에 있는 풍수술을 잘 활용해봅니다.

POINT 6 귀문(鬼門)을 활용한다
북동쪽과 남서쪽을 귀문이라고 하며, 이곳이 지저분하면 흉한작용이 일어나지만 깨끗이 청소해두면 아주 좋은 장소가 됩니다. 귀문을 잘 활용 해봅니다.

기초지식 3

지금 당신을 변화시켜 줄 수 있는

각 방위가 가진 **힘**을 알아보자

▌풍수를 생각한 방위는 8방위 + 중심을 포함한 9방위

풍수는 환경을 중시하는 학문입니다. 특히 태양의 움직임은 각 방위의 운기에 큰 영향을 주므로 중요하게 생각합니다. 예를 들면, 태양이 뜨는 동쪽은 활력으로 가득 차 있다고 하여 젊음과 건강의 힘이 가장 강한 방위라고 합니다. 반대로 태양이 비치지 않는 북쪽은 어둡고 조용한 이미지처럼 비밀과 재산을 담당하는 방위입니다.

풍수의 기초는 동, 서, 남, 북, 북동, 남동, 남서, 북서 8방위와 집의 중심을 포함한 9방위입니다. 각 방위가 가진 힘을 생활에 잘 활용하는 것이 풍수에서 행복을 얻는 가장 중요한 포인트입니다.

▌주의해야 할 귀문 방위

풍수에서는 귀문이라는 방위가 있습니다. '귀(鬼)'라고 쓴다고 해서 무서운 방위라고 생각할 수 있지만 실제로는 아주 위치가 높은 신성한 방위입니다. '절대로 이곳을 더럽히면 안 된다'는 의미를 담아 옛날 사람들이 붙인 것이 아닐까 하는 생각이 듭니다.

귀문 방위는 두 군데가 있는데, 겉귀문(表鬼門)은 북동쪽, 속귀문(裏鬼門)은 남서쪽을 가리킵니다. 이 두 방위와 중심을 연결한 선을 귀문 라인이라 하여, 귀문의 힘이 가장 강하게 작용하는 곳입니다. 이 영역은 항상 깨끗이 청소해두지 않으면 흉한작용이 일어나므로 주의합니다.

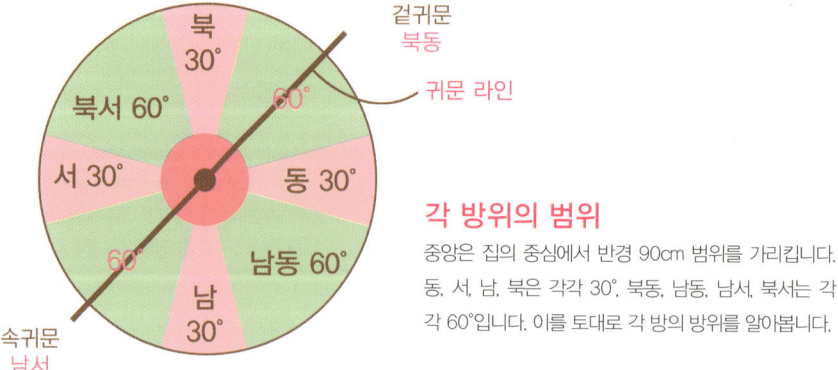

각 방위의 범위

중앙은 집의 중심에서 반경 90cm 범위를 가리킵니다. 동, 서, 남, 북은 각각 30°, 북동, 남동, 남서, 북서는 각각 60°입니다. 이를 토대로 각 방의 방위를 알아봅시다.

각 방위가 가지고 있는 힘

북서쪽
한 집안 가장의 사업운 등을 좌우하는 방위입니다. 가족 사진이 행운의 아이템입니다. 반대로 물을 사용하는 곳은 피합니다.

힘
절대자의 가호, 부인, 상사, 출세, 승부

행운의 색
녹색, 오렌지색, 베이지색, 금색

북쪽
재산 등 중요한 물건을 보관하기에 적합한 방위입니다. 벽장과 금고를 두어 그 안에 인감과 통장을 보관하면 좋습니다.

힘
남녀의 사랑, 가족의 신뢰, 자식복, 저축

행운의 색
오렌지색, 핑크색, 레드 와인색

북동쪽
어떤 물건을 수납하더라도 지저분하다면 역효과가 일어나므로 항상 깨끗이 청소해두어야 합니다.

힘
변화, 이사, 상속, 부동산

행운의 색
노란색, 연한 파란색, 빨간색, 흰색

서쪽
금전운과 깊게 관련된 방위입니다. 물을 사용하는 곳이 이 방위에 있으면 금전운도 물에 흘러가버리므로 주의합니다.

힘
금전운, 장사, 오락, 연애

행운의 색
핑크색, 흰색, 노란색

중앙
집 전체의 운을 좌우하는 방위입니다. 층과 층 사이에 천장이 없이 틔어있는 주택이나 복층형 원룸과 물을 사용하는 곳, 계단이 있는 곳은 좋지 않으므로 주의합니다.

힘
전체운

행운의 색
라벤더색, 노란색, 녹색

동쪽
젊은 사람에게 활력원이 되는 방위입니다. 소리와 궁합이 잘 맞고, 소리가 나는 것을 두면 좋은 정보가 들어옵니다.

힘
건강, 스포츠, 기운, 정보

행운의 색
빨간색, 흰색, 핑크색, 파란색

남시쪽
가정을 원만하게 하는 데 아주 중요한 방위입니다. 속귀문이므로 항상 깨끗이 청소해두어야 합니다.

힘
안정, 가정, 부동산, 모성

행운의 색
노란색, 갈색, 녹색, 라벤더색, 빨간색, 검은색

남쪽
재능과 센스와 관련된 방위입니다. 젊었을 때 성공하고 싶은 사람에게도 중요합니다. 빨간색이 너무 많거나 물과는 궁합이 좋지 않습니다.

힘
영감, 예술, 문자, 미적 센스

행운의 색
녹색, 베이지색, 오렌지색, 금색

남동쪽
인간관계를 담당하는 방위입니다. 인간관계와 사업관계가 원만해집니다. 향기와도 궁합이 잘 맞습니다.

힘
영감, 예술, 문자, 미적 센스

행운의 색
녹색, 베이지색, 오렌지색, 금색

기본 중의 기본
행운점, 돌출, 흠을 알아보자

행운의 통로인 행운점

풍수에서는 땅 속에 행운의 힘이 가장 강하게 흐르고 있는 용맥(龍脈)이라는 곳이 있습니다. 이 용맥은 집 안에도 있는데, 행운점이라고도 합니다. 이 행운점에서 많은 시간을 보내면 개운으로 이어지므로 그곳에 소파와 침대를 두면 아주 좋습니다. 행운은 현관을 통해 집 안으로 들어오고, 집의 중심을 지나가고, 대각선상으로 지나갑니다. 집이 길상이 되는 가장 중요한 조건은 행운점 상에 물을 사용하는 곳이 없는 것입니다. 물을 사용하는 곳이 있으면 모처럼 들어온 행운의 기가 지저분해질 수 있으므로 주의하세요.

유형별 행운점

현관이 북쪽에 있는 경우
길이는 절반, 폭은 배가 되지만 행운의 양은 다른 방위와 별반 다르지 않다.

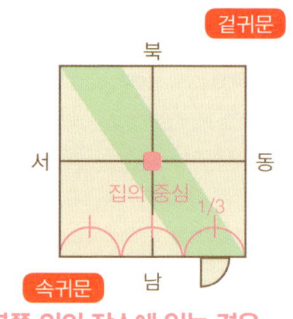

북쪽 외의 장소에 있는 경우
현관에서 집의 중심을 지나 반대쪽 벽까지. 폭은 현관 쪽 벽의 1/3.

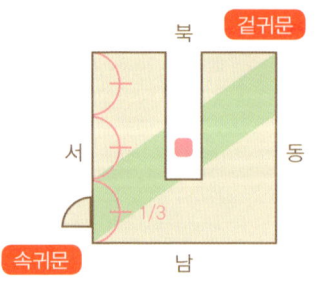

중심이 없는 경우
현관이 있는 방위의 행운색을 사용하여 가상의 중심을 만든다. 힘은 보통 이하.

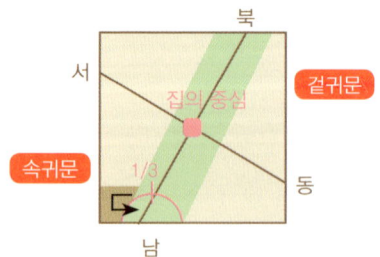

복층인 경우
계단의 위쪽 부분을 현관으로 생각하여 집의 중심을 지나 반대쪽 벽까지.

집의 길흉을 좌우하는 돌출, 흠은 이것!

풍수에서는 집과 방의 모양은 사각형에 가까운 것이 좋다고 합니다. 하지만 주변 건물과 토지 관계상 들쑥날쑥한 것은 어쩔 수 없습니다. 풍수에서는 이를 돌출, 흠이라 하여 방위가 가진 운기에 영향을 미칩니다. 보통 흠은 방에 마이너스(−), 돌출은 플러스(+) 영향을 미칩니다. 단, 돌출이라도 귀문 방위에 있는 경우에는 다릅니다. 풍수상 신성한 위치인 귀문은 에너지를 항상 정상적으로 유지시켜 두어야 하기에 설령 방에 플러스 영향을 주는 돌출이 있다 하더라도 마이너스의 영향을 주게 됩니다.

흠과 귀문 방위에 돌출이 있는 경우에는 식물과 거울을 사용한 풍수술로 대처합니다.

돌출과 흠의 정의

돌출

튀어나온 부분의 길이가 벽 한쪽의 1/3 이하인 경우 돌출이 된다.

흠

움푹 들어간 부분의 길이가 벽 한쪽의 2/3 이내인 경우 흠이 된다.

흠 보충

식물을 심어둔다

결여된 공간(흠)인 경우에는 가공 라인상에 식물을 심어둔다. 아파트의 경우에는 발코니 등에 두는 것도 좋다.

거울을 건다

결여된 부분(흠)의 벽에 거울을 거울 면이 안쪽을 향하도록 걸어둔다. 테두리가 방위의 행운색이라면 더욱 좋다.

기초지식 5 이제까지의 당신과는 분명 달라질 것이다!
행복을 부르는 방을 선택하는 방법

방위

방을 선택할 때 가장 먼저 중요시해야 할 점이 방위입니다. 흉방위(길방위, 흉방위는 30~35쪽을 참조)로 이사하는 것은 몸에 흉작용이 일어날 수 있으므로 좋지 않습니다. 특히 지병이 있거나 불규칙한 생활로 몸이 약해진 사람은 주의해야 합니다.

만약 흉방위로 이사할 수밖에 없는 경우에는 길방위에서 임시로 2주 정도 살고 나서 이사를 한다면 흉작용을 피할 수 있습니다.

방향

최근 젊은 사람들 사이에서 인기있는 집은 방 배치와 내부 장식이 잘 꾸며져있는 것입니다. 하지만 선택할 때 몇 가지 주의할 점이 있습니다. 풍수에서 방의 모양은 깔끔한 사각형이 가장 좋다고 합니다. 완벽한 사각형이 아니거나 타원형인 방은 가구를 놓을 장소가 한정되어 있고, 장식해둔 물건이 풍수적으로 좋지 않아 행운이 들어올 수 없습니다.

멋진 집에서 살고 싶은 기분은 이해하지만 좋은 기운이 들어올 수 있는지 충분히 생각한 뒤에 결정하세요.

환경

방위 다음으로 중요한 것이 주위환경입니다. 풍수에서는 환경에 따라 흘러들어오는 운기가 다릅니다. 방을 결정할 때는 주위환경도 체크해두어야 합니다.

주위환경으로 좋은 것은 상점가와 역, 공원 등입니다. 사람들이 모이는 장소는 땅에서 큰 힘이 나온다고 생각하여 행운점이라고 합니다. 이 장소들은 규모가 크면 클수록 살고 있는 집과 아파트에 가까우면 가까울수록 큰 힘을 받을 수 있으므로, 이사할 때 미리 체크해두세요.

햇빛

햇빛이 잘 비치는지는 집을 선택할 때 누구나 신경쓰는 조건이지만, 실은 이 조건도 풍수와 크게 관련되어 있습니다.

풍수는 태양의 움직임을 기본으로 생각하는 환경학입니다. 방 안에 어느 정도의 햇빛이 비치는지에 따라 방으로 들어오는 운기가 크게 달라집니다. 햇빛은 강한 힘이 있어 햇빛이 잘 비치는 방은 그만큼 좋은 운기가 잘 들어와 행복해질 수 있습니다.

기초지식 6 이사·방 배치의 키포인트!

행운의 힘을 부르는 7가지 수납 법칙

인테리어를 잘 꾸미는 것만이 풍수는 아닙니다. 방의 힘을 보다 강하게 하려면 정리정돈을 잘해서 깨끗하게 유지하는 것도 중요합니다. 수납과 정리하는 방법을 배워 행복을 불러들입니다.

법칙 1 행운점은 특히 깨끗하게 만들자

행운이 들어오는 행운점은 풍수에서 아주 중요한 공간입니다. 그것은 수납공간이 행운점에 있는 경우에도 같습니다. 항상 깨끗하게 하여 좋은 힘을 얻습니다.

법칙 2 언젠가 사용할 것이라는 생각은 버리자

언젠가 사용할 것이라 생각하여 그대로 놔둔 물건은 없나요? 풍수에서 물건의 수명은 3년이라고 합니다. 그 이상 지나면 본래의 힘을 잃어버리게 됩니다.

법칙 3 필요 없는 물건은 망설이지 말고 버리자

풍수 수납의 포인트는 깔끔하게 정리정돈 하는 것입니다. 지금 당신의 방에 있는 물건은 정말 필요한 것입니까? 필요 없는 물건이 어질러져 있는 상태라면 지금 당장 버립니다.

법칙 4 여유 있게 수납하자

기의 흐름을 중요시 여기는 풍수에서는 수납도 기가 잘 흐르는 물건으로 두는 것이 중요합니다. 잘 수납되어 있더라도 갑갑하게 수납되어 있으면 좋은 운기가 흐를 수 없게 되므로 주의하세요.

법칙 5 각 방위와 궁합을 생각하자

풍수에서는 방위가 중요한 것 못지 않게 수납도 중요합니다. 풍수를 배워 (풍수와의) 궁합을 생각하면서 수납한다면, 보다 좋은 운기가 흘러들어오는 방이 됩니다.

법칙 6 수납함은 겉모습보다 실용성을 중시하자

최근에는 세련된 수납함도 많아졌습니다. 하지만 공간만 차지하고, 수납은 별로 할 수 없는 것은 의미가 없습니다. 수납함은 실용성이 중요합니다.

법칙 7 음양의 균형을 중요하게 생각하자

풍수에서 수납공간은 '음(陰)', 생활공간은 '양(陽)'이라고 합니다. 이 2가지 균형을 잘 맞추는 것이 아주 중요합니다. 수납함에 물건을 가득 채워두는 것은 좋지 않습니다.

기초지식 7

향후의 생활방식을 결정하는

자신의 본명성(本命星)과 길방위를 알아두자

길방위를 배워 좋은 힘을 얻자

풍수에는 사람이 태어난 해에 따라 정해진 본명성이 있습니다. 본명성은 9개고, 달마다 다른 길방위, 흉방위가 있습니다. 길방위는 좋은 일이 생기는 방위, 흉방위는 좋지 않은 일이 생기는 방위입니다.

평소처럼 길을 걷는 것만으로도 좋은 일, 좋지 않은 일이 생기는 날이 있는데, 그것에는 이 길방위, 흉방위가 관련되어 있을 가능성이 높습니다. 항상 행복하게 살려면 자신의 본명성을 토대로 한 길방위 쪽으로 행동을 많이 해야 합니다.

이사할 때는 반드시 길방위로 가자

이동 거리, 이동지에서 머무는 시간이 길수록 방위가 지닌 힘의 영향을 강하게 받습니다. 특히 이사, 여행 등은 방위의 힘을 강하게 받습니다. 이사하고 나서 안 좋은 일만 생기고, 여행지에서 물건을 잃어버린 경험이 있다면 이사한 곳과 여행지가 흉방위였을지도 모릅니다.

하지만 흉방위로 이동할 수밖에 없는 경우에는 한번 길방위로 간 뒤에 목적지로 다시 출발할 것을 권합니다.

본명성표와 길방위표를 보는 방법

본명성표

본명성은 태어난 해에 따라 9개로 나뉘어져 있습니다. 흔히 '운수가 좋다', '운수가 나쁘다'고 하는데, 이는 본명성을 토대로 하고 있는 점입니다. 아래의 표에서 자신이 태어난 해를 찾아 본명성을 알아봅니다.

길방위표

본명성마다 길방위는 다릅니다.

◎가 가장 좋은 힘을 얻을 수 있는 방위
○는 보통의 힘을 얻을 수 있는 방위
△는 좋지는 않지만 나쁜 일도 일어나지 않는 방위
×는 그다지 좋지 않은 힘을 가진 방위

달마다 체크하여 방위의 좋은 힘을 받도록 합니다.

● 본명성표

※ 표의 각 월은 음력을 말합니다.

일백수성 (一白水星)	1972 쥐(子)	1981 닭(酉)	1990 말(午)
이흑토성 (二黑土星)	1971 돼지(亥)	1980 원숭이(申)	1989 뱀(巳)
삼벽목성 (三碧木星)	1970 개(戌)	1979 양(未)	1988 용(辰)
사록목성 (四綠木星)	1969 닭(酉)	1978 말(午)	1987 토끼(卯)
오황토성 (五黃土星)	1968 원숭이(申)	1977 뱀(巳)	1986 호랑이(寅)
육백금성 (六白金星)	1967 양(未)	1976 용(辰)	1985 소(丑)
칠적금성 (七赤金星)	1975 토끼(卯)	1984 쥐(子)	1993 닭(酉)
팔백토성 (八白土星)	1974 호랑이(寅)	1983 돼지(亥)	1992 원숭이(申)
구자화성 (九紫火星)	1973 소(丑)	1982 개(戌)	1991 양(未)

일백수성의 길방위표

2018 戊戌年

방위 \ 월	1	2	3	4	5	6	7	8	9	10	11	12
북	×	×	×	×	×	×	×	×	×	×	×	×
북동	○	◎	◎	×	◎	×	×	◎	○	○	◎	◎
동	◎	○	×	○	○	◎	◎	×	◎	◎	○	×
남동	×	×	×	×	×	×	×	×	×	×	×	×
남	×	×	×	×	×	×	×	×	×	×	×	×
남서	×	◎	○	×	◎	◎	◎	◎	○	◎	×	×
서	○	×	×	○	×	×	△	×	×	△	×	○
북서	×	×	×	×	×	×	×	×	×	×	×	×

2019 己亥年

방위 \ 월	1	2	3	4	5	6	7	8	9	10	11	12
북	◎	×	×	◎	×	◎	○	◎	○	○	◎	×
북동	×	×	×	×	×	×	×	×	×	×	×	×
동	×	×	×	×	×	×	×	×	×	×	×	×
남동	×	×	×	×	×	×	×	×	×	×	×	×
남	◎	×	×	◎	○	◎	○	○	◎	◎	×	×
남서	×	×	×	×	×	×	×	×	×	×	×	×
서	×	×	×	×	×	×	×	×	×	×	×	×
북서	○	△	×	△	×	×	△	×	×	△	×	○

2020 庚子年

방위 \ 월	1	2	3	4	5	6	7	8	9	10	11	12
북	◎	◎	○	×	◎	×	◎	×	◎	◎	○	×
북동	×	×	×	×	×	×	×	×	×	×	×	×
동	×	×	×	×	×	×	×	×	×	×	×	×
남동	◎	◎	×	◎	×	○	◎	○	×	◎	×	×
남	×	×	×	×	×	×	×	×	×	×	×	×
남서	×	×	×	×	×	×	×	×	×	×	×	×
서	×	×	×	×	×	×	×	×	×	×	×	×
북서	△	△	×	×	○	○	△	○	△	△	×	×

2021 辛丑年

방위 \ 월	1	2	3	4	5	6	7	8	9	10	11	12
북	×	×	×	×	×	×	×	×	×	×	×	×
북동	△	○	○	×	○	×	○	△	○	○	○	×
동	◎	○	×	○	○	◎	◎	×	◎	◎	○	×
남동	×	×	×	×	×	×	×	×	×	×	×	×
남	×	×	×	×	×	×	×	×	×	×	×	×
남서	×	×	×	×	×	×	×	×	×	×	×	×
서	○	×	○	○	△	×	△	○	○	○	○	△
북서	×	×	×	×	×	×	×	×	×	×	×	×

2022 壬寅年

방위 \ 월	1	2	3	4	5	6	7	8	9	10	11	12
북	×	×	×	×	×	×	×	×	×	×	×	×
북동	×	○	○	×	○	×	×	×	×	○	○	○
동	○	◎	×	◎	○	×	○	×	◎	○	◎	×
남동	◎	○	○	×	◎	×	◎	×	×	○	×	○
남	×	×	×	×	×	×	×	×	×	×	×	×
남서	×	×	×	×	×	×	×	×	×	×	×	×
서	◎	×	○	◎	×	○	◎	○	×	◎	○	×
북서	◎	○	×	×	◎	×	◎	×	○	◎	○	◎

2023 癸卯年

방위 \ 월	1	2	3	4	5	6	7	8	9	10	11	12
북	○	×	×	△	○	○	×	×	×	○	○	△
북동	×	×	×	×	×	×	×	×	×	×	×	×
동	○	×	○	○	△	×	△	×	○	○	×	○
남동	×	×	×	×	×	×	×	×	×	×	×	×
남	○	△	○	△	△	×	×	○	×	×	○	○
남서	×	×	×	×	×	×	×	×	×	×	×	×
서	×	×	×	×	×	×	×	×	×	×	×	×
북서	×	×	×	×	×	×	×	×	×	×	×	×

이흑토성의 길방위표

년	방위\월	1	2	3	4	5	6	7	8	9	10	11	12	방위
2018 戊戌年	북	×	×	×	×	×	×	×	×	×	×	×	×	북
	북동	○	○	○	×	△	×	×	△	○	○	○	○	북동
	동	×	×	×	×	×	×	×	×	×	×	×	×	동
	남동	×	×	×	×	×	×	×	×	×	×	×	×	남동
	남	×	×	×	×	×	×	×	×	×	×	×	×	남
	남서	×	○	◎	×	◎	○	×	○	×	○	◎	×	남서
	서	×	×	×	×	×	×	×	×	×	×	×	×	서
	북서	○	×	×	×	×	×	×	×	×	×	×	△	북서
2019 己亥年	북	○	×	×	×	○	×	×	○	△	×	×	×	북
	북동	×	×	×	×	×	×	×	×	×	×	×	×	북동
	동	◎	◎	◎	×	×	×	○	○	×	◎	◎	◎	동
	남동	×	×	×	×	×	×	×	×	×	×	×	×	남동
	남	○	×	×	△	×	△	×	×	○	×	×	×	남
	남서	×	×	×	×	×	×	×	×	×	×	×	×	남서
	서	△	×	○	△	×	△	△	△	×	×	×	○	서
	북서	○	◎	×	×	◎	×	○	○	×	◎	×	×	북서
2020 庚子年	북	×	×	×	×	×	×	×	×	×	×	×	×	북
	북동	×	△	○	×	×	△	×	△	×	×	×	○	북동
	동	×	×	×	×	×	×	×	×	×	×	×	×	동
	남동	◎	◎	×	○	×	◎	○	×	◎	×	×	×	남동
	남	×	×	×	×	×	×	×	×	×	×	×	×	남
	남서	×	△	△	○	△	○	○	×	△	×	×	×	남서
	서	×	×	×	×	×	×	×	×	×	×	×	×	서
	북서	◎	◎	×	×	×	○	◎	○	◎	◎	×	×	북서

년	방위\월	1	2	3	4	5	6	7	8	9	10	11	12	방위
2021 辛丑年	북	×	×	×	×	×	×	×	×	×	×	×	×	북
	북동	◎	◎	◎	×	○	×	×	○	◎	◎	◎	◎	북동
	동	△	○	○	○	○	×	△	△	○	×	×	×	동
	남동	×	×	×	×	×	×	×	×	×	×	×	×	남동
	남	×	×	×	×	×	×	×	×	×	×	×	×	남
	남서	×	×	×	×	×	×	×	×	×	×	×	×	남서
	서	◎	×	×	○	◎	○	×	○	×	◎	◎	×	서
	북서	×	×	×	×	×	×	×	×	×	×	×	×	북서
2022 壬寅年	북	○	×	△	×	○	△	×	×	○	○	○	×	북
	북동	×	×	×	×	×	×	×	×	×	×	×	×	북동
	동	○	○	○	×	△	△	△	×	○	○	○	○	동
	남동	△	○	○	○	×	○	○	×	×	○	○	○	남동
	남	◎	×	×	◎	◎	◎	◎	◎	◎	×	×	×	남
	남서	×	×	×	×	×	×	×	×	×	×	×	×	남서
	서	◎	×	×	◎	◎	◎	◎	×	◎	×	◎	×	서
	북서	×	○	×	×	×	×	○	○	×	×	×	○	북서
2023 癸卯年	북	○	○	×	◎	◎	◎	×	×	○	×	×	◎	북
	북동	×	○	◎	◎	◎	×	×	○	×	×	×	◎	북동
	동	×	×	×	×	×	×	×	×	×	×	×	×	동
	남동	×	×	×	×	×	×	×	×	×	×	×	×	남동
	남	×	◎	○	◎	◎	◎	◎	×	○	×	○	×	남
	남서	×	△	△	○	△	○	○	×	△	×	×	×	남서
	서	×	×	×	×	×	×	×	×	×	×	×	×	서
	북서	×	×	×	×	×	×	×	×	×	×	×	×	북서

※ 표의 각 월은 음력을 말합니다. ◎=대길, ○=중길, △=무난한 방위, ×=흉

삼벽목성의 길방위표

년	방위\월	1	2	3	4	5	6	7	8	9	10	11	12	방위
2018 戊戌年	북	×	×	×	×	×	×	×	×	×	×	×	×	북
	북동	×	×	×	×	×	×	×	×	×	×	×	×	북동
	동	○	△	×	○	△	△	×	○	○	△	×	×	동
	남동	×	×	×	×	×	×	×	×	×	×	×	×	남동
	남	×	×	×	×	×	×	×	×	×	×	×	×	남
	남서	×	×	×	×	×	×	×	×	×	×	×	×	남서
	서	△	×	×	○	×	△	×	△	×	×	×	×	서
	북서	○	×	×	×	◎	◎	×	○	×	○	×	◎	북서
2019 己亥年	북	×	×	×	×	×	×	×	×	×	×	×	×	북
	북동	×	×	×	×	×	×	×	×	×	×	×	×	북동
	동	○	△	△	△	×	○	○	○	△	○	△	△	동
	남동	×	×	×	×	×	×	×	×	×	×	×	×	남동
	남	×	×	×	×	×	×	×	×	×	×	×	×	남
	남서	×	×	×	×	×	×	×	×	×	×	×	×	남서
	서	◎	×	○	◎	×	○	○	○	×	◎	◎	○	서
	북서	◎	×	×	○	×	○	○	×	◎	◎	◎	◎	북서
2020 庚子年	북	×	×	×	×	×	×	×	×	×	×	×	×	북
	북동	×	◎	△	○	×	×	◎	×	×	◎	◎	×	북동
	동	×	×	×	×	×	×	×	×	×	×	×	×	동
	남동	△	×	×	△	○	×	△	×	×	◎	×	×	남동
	남	×	×	×	×	×	×	×	×	×	×	×	×	남
	남서	×	◎	◎	○	×	◎	◎	×	○	○	×	◎	남서
	서	×	×	×	×	×	×	×	×	×	×	×	×	서
	북서	○	△	×	×	×	○	○	×	○	△	×	×	북서

년	방위\월	1	2	3	4	5	6	7	8	9	10	11	12	방위
2021 辛丑年	북	○	○	△	×	×	○	○	×	○	△	○	△	북
	북동	×	×	×	×	×	×	×	×	×	×	×	×	북동
	동	◎	○	×	◎	○	○	○	×	◎	◎	○	×	동
	남동	×	×	×	×	×	×	×	×	×	×	×	×	남동
	남	◎	○	○	○	◎	○	○	◎	◎	○	×	○	남
	남서	×	○	○	×	×	○	○	×	×	×	×	×	남서
	서	×	×	○	○	×	×	×	×	△	△	△	×	서
	북서	×	×	×	×	×	×	×	×	×	×	×	×	북서
2022 壬寅年	북	×	○	○	×	×	○	×	×	○	○	×	×	북
	북동	×	○	×	○	○	○	△	×	×	○	×	×	북동
	동	×	×	×	×	×	×	×	×	×	×	×	×	동
	남동	◎	◎	×	◎	×	○	×	◎	×	○	×	×	남동
	남	○	×	×	◎	○	◎	×	×	×	×	×	×	남
	남서	×	×	×	×	×	×	×	×	×	×	×	×	남서
	북서	○	△	×	○	×	△	×	×	○	△	○	×	북서
2023 癸卯年	북	×	◎	◎	○	×	○	×	×	◎	◎	×	×	북
	북동	×	×	×	×	×	×	×	×	×	×	×	×	북동
	동	×	×	×	×	×	×	×	×	×	×	×	×	동
	남동	×	×	×	×	×	×	×	×	×	×	×	×	남동
	남	×	×	○	×	○	×	×	△	×	×	×	×	남
	남서	×	◎	◎	○	◎	○	×	○	×	◎	×	×	남서
	서	×	×	×	×	×	×	×	×	×	×	×	×	서
	북서	×	×	×	×	×	×	×	×	×	×	×	×	북서

사록목성의 길방위표

※ 표의 각 월은 음력을 말합니다. ◎=대길, ○=중길, △=무난한 방위, ×=흉

2018 戊戌年

방위\월	1	2	3	4	5	6	7	8	9	10	11	12
북	×	×	×	×	×	×	×	×	×	×	×	×
북동	○	○	○	×	◎	×	○	◎	◎	○	○	○
동	○	△	×	○	△	△	△	×	○	△	×	×
남동	×	×	×	×	×	×	×	×	×	×	×	×
남	×	×	×	×	×	×	×	×	×	×	×	×
남서	×	○	○	×	△	×	×	○	△	○	×	×
서	△	×	×	○	×	○	×	○	×	×	×	×
북서	○	×	×	×	◎	◎	×	○	×	×	◎	×

2019 己亥年

방위\월	1	2	3	4	5	6	7	8	9	10	11	12
북	×	×	×	×	×	×	×	×	×	×	×	×
북동	×	×	×	×	×	×	×	×	×	×	×	×
동	○	△	△	×	○	○	○	×	×	○	△	△
남동	×	×	×	×	×	×	×	×	×	×	×	×
남	×	×	×	×	×	×	×	×	×	×	×	×
남서	×	×	×	×	×	×	×	×	×	×	×	×
서	◎	×	○	◎	×	○	○	○	×	◎	◎	○
북서	◎	×	×	×	○	○	×	◎	◎	○	×	×

2020 庚子年

방위\월	1	2	3	4	5	6	7	8	9	10	11	12
북	◎	◎	○	○	×	○	○	×	×	◎	◎	○
북동	×	×	×	×	×	×	×	×	×	×	×	×
동	×	×	×	×	×	×	×	×	×	×	×	×
남동	×	×	△	×	○	×	△	×	○	×	△	×
남	×	×	×	×	×	×	×	×	×	×	×	×
남서	×	×	×	×	×	×	×	×	×	×	×	×
서	×	×	×	×	×	×	×	×	×	×	×	×
북서	○	△	×	×	○	○	×	○	×	×	×	×

2021 辛丑年

방위\월	1	2	3	4	5	6	7	8	9	10	11	12
북	○	○	△	×	×	○	○	○	△	○	○	△
북동	○	○	○	×	◎	×	×	◎	◎	○	○	○
동	×	×	×	×	×	×	×	×	×	×	×	×
남동	×	×	×	×	×	×	×	×	×	×	×	×
남	◎	×	×	○	×	×	◎	◎	◎	◎	×	○
남서	×	○	○	×	×	×	×	×	○	×	×	×
서												
북서												

2022 壬寅年

방위\월	1	2	3	4	5	6	7	8	9	10	11	12
북	×	○	○	◎	×	○	◎	×	◎	○	×	×
북동	×	○	○	○	×	×	○	△	△	○	○	○
동	◎	○	○	×	○	◎	○	×	◎	○	×	×
남동	×	×	×	×	×	×	×	×	×	×	×	×
남	○	×	◎	◎	×	○	○	○	○	○	×	×
남서	×	×	×	×	×	×	×	×	×	×	×	×
서	×	△	△	△	×	△	△	△	×	×	△	×
북서	×	×	×	×	×	×	×	×	×	×	×	×

2023 癸卯年

방위\월	1	2	3	4	5	6	7	8	9	10	11	12
북	◎	◎	○	×	◎	×	×	×	◎	◎	×	×
북동	×	○	○	△	×	×	△	×	○	○	×	○
동	×	△	×	×	○	×	△	×	△	×	○	×
남동	×	×	×	×	×	×	×	×	×	×	×	×
남	○	△	○	×	△	△	×	○	×	○	×	×
남서	×	◎	○	◎	○	×	○	○	○	◎	×	×
서	×	×	×	×	×	×	×	×	×	×	×	×
북서	×	×	×	×	×	×	×	×	×	×	×	×

오황토성의 길방위표

년	월\방위	1	2	3	4	5	6	7	8	9	10	11	12	방위
2018 戊戌年	북	×	×	×	×	×	×	×	×	×	×	×	×	북
	북동	○	○	○	◎	△	×	△	○	○	○	○	○	북동
	동	○	◎	×	×	◎	◎	○	×	○	○	◎	×	동
	남동	×	×	×	×	×	×	×	×	×	×	×	×	남동
	남													남
	남서	×	○	◎	○	◎					◎			남서
	서	◎		○			◎	◎	○	◎	◎	◎	×	서
	북서	○		○		○	△						△	북서

년	월\방위	1	2	3	4	5	6	7	8	9	10	11	12	방위
2019 己亥年	북	○	○		△									북
	북동	×	×	×	×	×	×	×	×	×	×	×	×	북동
	동	◎	◎	○	×	○	○		◎	◎	◎	○		동
	남동	×	×	×	×	×	×	×	×	×	×	×	×	남동
	남	○		△		○								남
	남서													남서
	서	△		○		○			△	△	○	△		서
	북서	○	◎	×	◎	×								북서

년	월\방위	1	2	3	4	5	6	7	8	9	10	11	12	방위
2020 庚子年	북	△	△	○	×	△								북
	북동	×	×	×	×	×	×	×	×	×	×	×	×	북동
	동	×	×											동
	남동	◎	◎		△		◎		◎			◎		남동
	남	×	×	×	×	×	×	×	×	×	×	×	×	남
	남서	×	△	○	△	○	○		△	×				남서
	서													서
	북서	◎					◎		◎	◎				북서

년	월\방위	1	2	3	4	5	6	7	8	9	10	11	12	방위
2021 辛丑年	북	○	◎	◎	◎	×	○	◎	◎	×	◎	◎	◎	북
	북동	◎	◎	◎	×	○	×	○	×	◎	◎	◎	◎	북동
	동	△	○	×	○	○	○	○	×	△	△	○	×	동
	남동	×	×	×	×	×	×	×	×	×	×	×	×	남동
	남	○	○	○	○	△	○	○	○	○	○	○	○	남
	남서	×	×	×	×	×	×	×	×	×	×	×	×	남서
	서	○					◎			◎	◎	◎	×	서
	북서													북서

년	월\방위	1	2	3	4	5	6	7	8	9	10	11	12	방위
2022 壬寅年	북							△						북
	북동		○	○				◎	◎	×		○	○	북동
	동				△	△	△							동
	남동													남동
	남	◎	×	×	×	○	○	◎	◎	○		×	×	남
	남서													남서
	서	○	×	◎	×	◎	×	◎	×	×	×	◎	×	서
	북서													북서

년	월\방위	1	2	3	4	5	6	7	8	9	10	11	12	방위
2023 癸卯年	북	○	○	◎	◎	○		◎	◎	◎	○	◎		북
	북동													북동
	동	◎	○	○	◎	×	◎	×	◎	×	◎	○		동
	남동													남동
	남	○	◎	○	◎	◎	○	○		○	○			남
	남서	×	△	△	○	△	○	○	×	×	△	△		남서
	서	×	×	×	×	×	×	×	×	×	×	×	×	서
	북서	×	×	×	×	×	×	×	×	×	×	×	×	북서

육백금성의 길방위표

년	방위\월	1	2	3	4	5	6	7	8	9	10	11	12	방위
2018 戊戌年	북	×	×	×	×	×	×	×	×	×	×	×	×	북
	북동	×	×	×	×	×	×	×	×	×	×	×	×	북동
	동	○	◎	×	○	◎	◎	◎	×	○	○	◎	×	동
	남동	×	×	×	×	×	×	×	×	×	×	×	×	남동
	남	×	×	×	×	×	×	×	×	×	×	×	×	남
	남서	×	×	×	×	×	×	×	×	×	×	×	×	남서
	서	◎	×	×	○	○	◎	◎	×	◎	◎	×	×	서
	북서	◎	×	×	×	◎	◎	○	◎	×	◎	×	○	북서
2019 己亥年	북	○	×	×	△	×	×	×	×	×	×	×	×	북
	북동	×	×	×	×	×	×	×	×	×	×	×	×	북동
	동	×	×	×	×	×	×	×	×	×	×	×	×	동
	남동	×	×	×	×	×	×	×	×	×	×	×	×	남동
	남	○	×	×	△	×	△	×	×	×	×	×	×	남
	남서	×	×	×	×	○	×	×	×	×	×	×	×	남서
	서	×	×	×	×	×	×	×	×	×	×	×	×	서
	북서	△	○	×	×	○	×	△	△	×	○	○	×	북서
2020 庚子年	북	△	○	○	×	○	×	×	×	×	×	○	×	북
	북동	×	◎	○	◎	×	○	×	×	×	◎	×	×	북동
	동	×	×	×	×	×	×	×	×	×	×	×	×	동
	남동	×	×	×	×	×	×	×	×	×	×	×	×	남동
	남	×	×	×	×	×	×	×	×	×	×	×	×	남
	남서	×	△	△	○	○	△	×	○	×	△	×	×	남서
	서	×	×	×	×	×	×	×	×	×	×	×	×	서
	북서	×	×	×	×	×	×	×	×	×	×	×	×	북서

년	방위\월	1	2	3	4	5	6	7	8	9	10	11	12	방위
2021 辛丑年	북	◎	○	◎	◎	×	×	○	◎	○	◎	◎	◎	북
	북동	○	○	○	×	△	×	×	○	△	○	○	○	북동
	동	×	△	○	△	○	○	○	×	△	○	×	×	동
	남동	×	×	×	×	×	×	×	×	×	×	×	×	남동
	남	◎	○	◎	○	×	×	◎	◎	○	◎	×	◎	남
	남서	×	×	×	×	×	×	×	×	×	×	×	×	남서
	서	○	×	○	○	○	×	○	×	◎	×	×	×	서
	북서	×	×	×	×	×	×	×	×	×	×	×	×	북서
2022 壬寅年	북	◎	×	×	×	×	◎	◎	○	◎	◎	×	×	북
	북동	×	○	◎	○	×	◎	×	◎	×	×	○	○	북동
	동	×	△	○	○	△	×	△	×	△	○	×	×	동
	남동	×	×	×	×	×	×	×	×	×	×	×	×	남동
	남	○	×	△	○	○	△	○	○	○	×	×	×	남
	남서	×	×	×	×	×	×	×	×	×	×	×	×	남서
	서	○	×	◎	◎	×	◎	◎	×	○	○	◎	×	서
	북서	×	×	×	×	×	×	×	×	×	×	×	×	북서
2023 癸卯年	북	△	△	○	×	△	×	×	×	×	△	×	○	북
	북동	×	◎	◎	◎	×	×	×	×	×	◎	×	○	북동
	동	×	×	×	×	×	×	×	×	×	×	×	×	동
	남동	×	×	×	×	×	×	×	×	×	×	×	×	남동
	남	○	◎	◎	◎	◎	×	×	○	×	◎	×	×	남
	남서	×	○	◎	◎	×	◎	◎	×	○	×	×	×	남서
	서	×	×	×	×	×	×	×	×	×	×	×	×	서
	북서	×	×	×	×	×	×	×	×	×	×	×	×	북서

※ 표의 각 월은 음력을 말합니다. ◎=대길, ○=중길, △=무난한 방위, ×=흉

칠적금성의 길방위표

년	방위\월	1	2	3	4	5	6	7	8	9	10	11	12	방위
2018 戊戌年	북	×	×	×	×	×	×	×	×	×	×	×	×	북
	북동	○	○	○	×	△	×	○	△	○	○	○	○	북동
	동	×	×	×	×	×	×	×	×	×	×	×	×	동
	남동	×	×	×	×	×	×	×	×	×	×	×	×	남동
	남	×	×	×	×	×	×	×	×	×	×	×	×	남
	남서	×	◎	○	×	◎	◎	×	○	○	◎	◎	×	남서
	서	×	×	×	×	×	×	×	×	×	×	×	×	서
	북서	◎	×	×	×	◎	◎	×	◎	○	×	◎	○	북서
2019 己亥年	북	○	×	×	△	×	○	○	○	△	○	×	×	북
	북동	×	×	×	×	×	×	×	×	×	×	×	×	북동
	동	○	◎	◎	×	○	○	×	×	×	◎	◎	×	동
	남동	×	×	×	×	×	×	×	×	×	×	×	×	남동
	남	○	×	×	△	○	○	△	○	×	○	×	×	남
	남서	×	×	×	×	×	×	×	×	×	×	×	×	남서
	서	○	×	◎	◎	×	◎	◎	◎	×	○	○	◎	서
	북서	×	×	×	×	×	×	×	×	×	×	×	×	북서
2020 庚子庚	북	△	△	○	○	×	×	△	×	×	×	○	×	북
	북동	×	◎	○	◎	◎	×	×	○	○	×	◎	○	북동
	동	×	×	×	×	×	×	×	×	×	×	×	×	동
	남동	◎	×	×	△	×	×	◎	×	◎	○	×	◎	남동
	남	×	×	×	×	×	×	×	×	×	×	×	×	남
	남서	×	△	△	○	○	△	×	○	○	△	×	×	남서
	서	×	×	×	×	×	×	×	×	×	×	×	×	서
	북서	○	◎	×	×	×	○	×	◎	◎	○	◎	×	북서

년	방위\월	1	2	3	4	5	6	7	8	9	10	11	12	방위
2021 辛丑年	북	◎	○	◎	◎	×	×	○	○	◎	◎	○	◎	북
	북동	○	○	○	×	△	×	×	○	△	○	○	○	북동
	동	×	△	○	×	△	○	○	○	×	△	△	×	동
	남동	×	×	×	×	×	×	×	×	×	×	×	×	남동
	남	◎	○	○	×	×	×	○	×	×	○	◎	○	남
	남서	×	×	×	×	×	×	×	×	×	×	×	×	남서
	서	◎	○	○	×	○	○	×	×	◎	○	◎	×	서
	북서	×	×	×	×	×	×	×	×	×	×	×	×	북서
2022 壬寅年	북	◎	×	○	×	×	×	×	×	×	×	×	×	북
	북동	×	○	○	×	◎	×	○	◎	×	×	○	○	북동
	동	×	×	×	×	×	×	×	×	×	×	×	×	동
	남동	○	△	×	×	×	△	×	×	×	×	△	○	남동
	남	×	×	×	×	×	×	×	×	×	×	×	×	남
	남서	×	×	×	×	×	×	×	×	×	×	×	×	남서
	서	×	×	×	×	×	×	×	×	×	×	×	×	서
	북서	○	×	◎	×	○	×	×	×	○	○	◎	○	북서
2023 癸卯年	북	△	×	○	○	×	×	△	×	×	×	△	○	북
	북동	×	×	×	×	×	×	×	×	×	×	×	×	북동
	동	◎	×	○	○	×	○	○	◎	○	×	◎	×	동
	남동	×	×	×	×	×	×	×	×	×	×	×	×	남동
	남	○	◎	◎	×	×	×	×	◎	×	○	×	◎	남
	남서	×	×	×	×	×	×	×	×	×	×	×	×	남서
	서	×	×	×	×	×	×	×	×	×	×	×	×	서
	북서	×	×	×	×	×	×	×	×	×	×	×	×	북서

팔백토성의 길방위표

년	방위\월	1	2	3	4	5	6	7	8	9	10	11	12	방위
2018 戊戌年	북	×	×	×	×	△	×	×	×	×	×	×	×	북
	북동	○	○	○	×	×	×	×	△	○	○	○	○	북동
	동	○	◎	×	◎	◎	◎	◎	×	○	○	◎	×	동
	남동	×	×	×	×	×	×	×	×	×	×	×	×	남동
	남	×	×	×	×	×	×	×	×	×	×	×	×	남
	남서	×	○	◎	×	◎	◎	×	○	×	◎	○	×	남서
	서	◎	×	×	○	◎	×	◎	×	◎	×	×	×	서
	북서	×	×	×	×	×	×	×	×	×	×	×	×	북서
2019 己亥年	북	○	×	×	△	○	△	○	×	×	×	×	×	북
	북동	×	×	×	×	×	×	×	×	×	×	×	×	북동
	동	◎	◎	◎	×	○	×	○	×	◎	◎	◎	×	동
	남동	×	×	×	×	×	×	×	×	×	×	×	×	남동
	남	○	×	×	△	○	△	○	○	○	○	○	×	남
	남서	×	×	×	×	×	×	×	×	×	×	×	×	남서
	서	△	×	○	△	×	○	○	×	△	△	×	○	서
	북서	○	◎	×	×	◎	×	◎	×	○	○	◎	×	북서
2020 庚子年	북	△	△	○	△	×	○	×	×	×	×	×	○	북
	북동	×	×	×	×	×	×	×	×	×	×	×	×	북동
	동	×	×	×	×	×	×	×	×	×	×	×	×	동
	남동	×	×	×	×	×	×	×	×	×	×	×	×	남동
	남	×	×	×	×	×	×	×	×	×	×	×	×	남
	남서	×	△	○	△	○	×	○	×	△	×	×	×	남서
	서	×	×	×	×	×	×	×	×	×	×	×	×	서
	북서	×	×	×	×	×	×	×	×	×	×	×	×	북서
2021 辛丑年	북	○	◎	◎	◎	×	×	○	○	◎	○	◎	◎	북
	북동	◎	○	○	×	○	×	×	×	×	○	○	○	북동
	동	×	×	×	×	×	×	×	×	×	×	×	×	동
	남동	×	×	×	×	×	×	×	×	×	×	×	×	남동
	남	○	○	○	○	×	×	×	△	○	△	○	×	남
	남서	×	×	×	×	×	×	×	×	×	×	×	×	남서
	서	×	×	×	×	×	×	×	×	×	×	×	×	서
	북서	×	×	×	×	×	×	×	×	×	×	×	×	북서
2022 壬寅年	북	○	×	×	△	×	○	△	○	×	△	×	×	북
	북동	×	×	×	×	×	×	×	×	×	×	×	×	북동
	동	○	×	×	×	△	×	×	△	×	×	×	○	동
	남동	×	△	×	○	×	×	○	×	×	×	×	×	남동
	남	◎	×	×	◎	○	◎	○	×	×	×	×	×	남
	남서	×	◎	×	×	×	◎	×	×	×	×	×	×	남서
	서	○	×	◎	×	◎	×	◎	×	×	○	○	◎	서
	북서	×	◎	×	×	×	×	×	×	×	×	×	×	북서
2023 癸卯年	북	×	×	×	×	×	×	×	×	×	×	×	×	북
	북동	×	○	◎	◎	×	×	○	×	○	×	◎	×	북동
	동	◎	×	○	○	◎	×	◎	×	◎	◎	×	○	동
	남동	×	×	×	×	×	×	×	×	×	×	×	×	남동
	남	×	×	×	×	×	×	×	×	×	×	×	×	남
	남서	×	△	×	○	×	○	○	×	○	×	△	×	남서
	서	×	×	×	×	×	×	×	×	×	×	×	×	서
	북서	×	×	×	×	×	×	×	×	×	×	×	×	북서

※ 표의 각 월은 음력을 말합니다. ◎=대길, ○=중길, △=무난한 방위, ×=흉

구자화성의 길방위표

년	방위\월	1	2	3	4	5	6	7	8	9	10	11	12	방위
2018 戊戌年	북	×	×	×	×	×	×	×	×	×	×	×	×	북
	북동	◎	○	×	×	◎	×	×	○	◎	×	○	○	북동
	동	○	○	×	○	○	△	△	×	×	×	×	×	동
	남동	×	×	×	×	×	×	×	×	×	×	×	×	남동
	남	×	×	×	×	×	×	×	×	×	×	×	×	남
	남서	×	△	×	○	△	×	×	×	×	△	×	×	남서
	서	○	×	×	◎	◎	○	○	×	◎	○	×	○	서
	북서	△	×	×	×	×	×	×	×	×	×	×	×	북서
2019 己亥年	북	○	×	×	◎	×	○	○	◎	×	×	×	○	북
	북동	×	×	×	×	×	×	×	×	×	×	×	×	북동
	동	×	○	○	△	△	×	○	○	×	×	△	×	동
	남동	×	×	×	×	×	×	×	×	×	×	×	×	남동
	남	○	×	×	◎	◎	○	◎	◎	×	×	×	×	남
	남서	×	×	×	×	×	×	×	×	×	×	×	×	남서
	서	○	○	○	△	△	○	△	△	○	○	○	○	서
	북서	×	×	×	×	×	×	×	×	×	×	×	×	북서
2020 庚子年	북	◎	◎	○	×	○	×	×	◎	◎	×	×	×	북
	북동	×	△	○	×	×	×	○	○	○	×	×	○	북동
	동	×	×	×	×	×	×	×	×	×	×	×	×	동
	남동	△	○	×	×	×	×	×	×	×	×	×	×	남동
	남	×	×	×	×	×	×	×	×	×	×	×	×	남
	남서	×	◎	◎	○	◎	×	○	○	◎	×	×	×	남서
	서	×	×	×	×	×	×	×	×	×	×	×	×	서
	북서	◎	◎	×	×	◎	○	○	◎	◎	×	×	×	북서

년	방위\월	1	2	3	4	5	6	7	8	9	10	11	12	방위
2021 辛丑年	북	○	◎	◎	○	×	×	◎	○	◎	○	◎	◎	북
	북동	×	×	×	×	×	×	×	×	×	×	×	×	북동
	동	○	◎	×	○	◎	◎	○	×	◎	◎	○	×	동
	남동	×	×	×	×	×	×	×	×	×	×	×	×	남동
	남	○	○	△	△	○	○	○	△	○	×	×	△	남
	남서	×	×	×	×	×	×	×	×	×	×	×	×	남서
	서	×	◎	○	○	×	○	◎	○	◎	◎	○	×	서
	북서	×	×	×	×	×	×	×	×	×	×	×	×	북서
2022 壬寅年	북	×	×	×	×	×	×	×	×	×	×	×	×	북
	북동	×	◎	◎	○	×	○	○	×	×	◎	◎	×	북동
	동	◎	○	×	◎	◎	×	◎	○	×	◎	◎	○	동
	남동	◎	◎	×	○	○	×	◎	◎	×	◎	◎	○	남동
	남	×	×	×	×	×	×	×	×	×	×	×	×	남
	남서	×	×	×	×	×	×	×	×	×	×	×	×	남서
	서	○	×	×	×	○	○	○	×	×	○	○	○	서
	북서	×	×	×	×	×	×	×	×	×	×	×	△	북서
2023 癸卯年	북	×	×	×	×	×	×	×	×	×	×	×	×	북
	북동	×	△	○	◎	×	○	×	×	×	△	○	×	북동
	동	○	×	◎	○	△	◎	○	×	○	×	◎	×	동
	남동	×	×	×	×	×	×	×	×	×	×	×	×	남동
	남	×	×	×	×	×	×	×	×	×	×	×	×	남
	남서	×	○	○	△	○	×	△	△	○	×	×	×	남서
	서	×	×	×	×	×	×	×	×	×	×	×	×	서
	북서	×	×	×	×	×	×	×	×	×	×	×	×	북서

※ 표의 각 월은 음력을 말합니다. ◎=대길, ○=중길, △=무난한 방위, ×=흉

당신의 고민을 방 배치로 해결하자!

 풍수 방 배치 Q&A
~금전운편~

Question
하는 일도 확실하고, 수입도 나름대로 안정되었는데도 돈이 전혀 모이지 않습니다. 이것을 해결할 수 있는 방 배치가 있습니까?

Answer
그런 당신에게 추천하는 방 배치는 이것!!

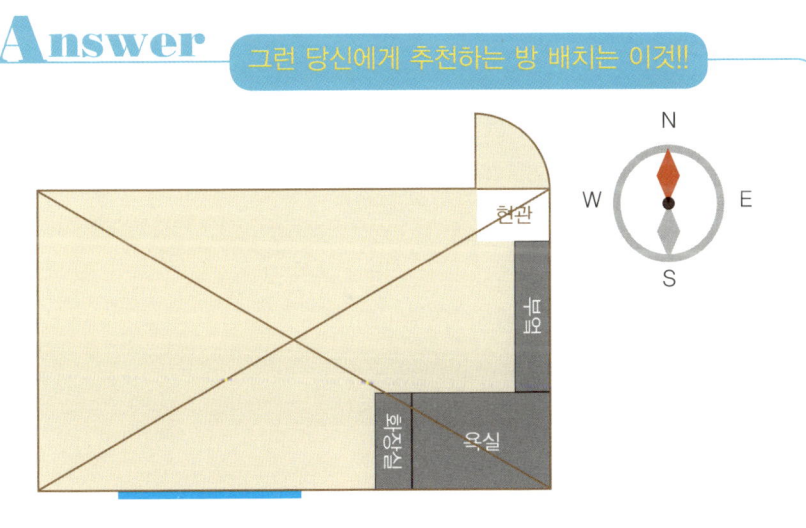

금전운에는 서쪽과 북쪽이 중요하다

우선 주의해야 할 곳은 금전운을 의미하는 서쪽입니다. 이 방위에 창문이 있으면 금전운이 도망갈 수 있습니다. 서쪽에 노란색 소품을 배치하여 금전운을 불러들입니다. 또, 북쪽은 돈과 사랑을 얻을 수 있는 방위입니다. 큰 창문과 물을 사용하지 않는 것이 좋습니다. 어둡고 시원한 방위이기 때문에 오렌지색이나 핑크색 등 따뜻한 색으로 배색합니다.

제 1 장

불행 끝 · 행복 시작

자기
진단편

기본을 숙지한 뒤 풍수적 자기진단으로 지금 당신이 좋아하는 것과 바라는 것이 풍수적으로 어떤 의미가 있는지 알아 둡니다.

자기진단 1 이사를 하려고 집을 보러 간다

Q1 출퇴근을 계기로 새로운 집으로 이사하려고 합니다. 자, 어떤 집에서 살고 싶습니까?

1. 세련되게 디자인한 아파트
2. 전통방식의 방이 있는 아파트
3. 전부 원목마루로 된 서양식 방이 있는 아파트

Q2 부동산에서 마음에 드는 집이 있었습니다. 그것은 어떤 집입니까?

1. 아무것도 칠해져있지 않거나 검은색, 회색 외벽
2. 갈색 계통의 색과 베이지색 외벽
3. 옅은 파스텔 칼라와 흰색 외벽

진단결과는 다음 페이지에

당장 집을 보러 가기로 했습니다.
그 집은 어떤 곳에 있습니까?

1 주변이 큰 건물로 둘러싸여 있는 곳

2 가까운 곳에 공원이 있고 한적한 곳

3 맛집이 있고, 사람이 많이 지나다니는 곳

마음에 들어서 이사하기로 했습니다. 방 창문에서 무엇이 보입니까?

1 강과 호수

2 역

3 큰 건물

진단결과 1 당신의 이사운을 알 수 있습니다

Q1진단

A1 당신이 좋아하는 방이 가진 힘의 세기를 알 수 있습니다.

1 행운이 들어오기 힘든 방입니다.

세련되게 디자인이 된 아파트는 겉모습을 중시하는 경향이 강하고, 층과 층 사이가 틔인 주택이거나 부엌이 중앙에 있으면 풍수적으로 행운이 들어오기 힘든 구조입니다. 이 때문에 방이 가진 힘은 약합니다.

2 전통방식의 방을 잘 활용하면 아주 좋습니다.

풍수적으로 아주 이치에 맞는 좋은 공간입니다. 인테리어도 전통방식으로 꾸미거나 방을 잘 활용하면 더욱 좋습니다.

3 행운이 들어오기 힘든 방입니다.

운기를 높이기 위해서라도 방위에 맞는 색을 잘 활용하여 개운합니다. 원목마루 위에 양탄자를 깔아두면 힘이 약해질 수 있으므로 주의합니다.

Q2진단

A2 방에 운기가 잘 들어오는지 알 수 있습니다.

1 행운이 들어오기 어려운 방입니다.

검은색이나 회색은 음의 힘이 강하고, 온기가 없는 방입니다. 목재 소재와 밝은색의 소품으로 장식하여 양의 힘을 보충합니다. 풍수를 철저하게 사용하여 운기를 높입니다.

2 현관을 밝게 하고, 그림을 걸어두면 길입니다.

나이가 있는 사람에게 아주 좋은 색입니다. 젊은 사람들이 사는 경우에는 현관을 밝게 하고, 반드시 그림을 걸어둡시다. 베이지색은 자신을 잘 표현할 수 없으므로 녹색과 갈색 계열의 바닥으로 합니다.

3 독립을 생각하고 있는 사람은 좋지 않습니다.

색의 힘을 살리므로 좋으나, 흰색과 크림색 외벽은 얼룩이 눈에 잘 띄므로 각별히 주의합니다. 깨끗하게 유지하는 것이 가장 중요합니다. 단, 독립 지향적인 사람에게는 맞지 않습니다.

Q3진단

A3 방에 어떤 힘이 들어오는지 알 수 있습니다.

1 행운은 그다지 들어오지 않습니다.

큰 건물로 둘러싸여 있거나 주택이 밀집되어 있으면 행복을 서로 뺏으려고 하여 행운을 잘 불러들이지 못합니다. 햇빛이 잘 들지 않으면 '양'의 기가 감소되므로 활기 없는 인생을 보낼 수 있습니다.

2 좋은 힘이 들어옵니다.

공원은 어떤 방위에 있든 좋은 힘을 줍니다. 자연의 힘은 풍수에서 중요하기 때문에 가까운 곳에 있으면 대길입니다. 풍수의 효과를 얻기 쉽습니다. 부지런히 근처를 걸어다니면서 대지의 힘을 흡수합니다.

3 행운이 머무는 좋은 곳입니다.

사람이 밀집한 장소, 맛집에는 행운이 머뭅니다. 대지의 힘이 강하므로 행운의 힘도 아주 큽니다. 상점가와 인기 있는 장소가 가까운 곳에 있을수록 힘은 강해집니다. 활기 있는 생활을 원하는 사람에게는 추천하나, 안정감이 없는 경향도 있습니다.

Q4진단

A4 어떤 운기의 영향을 받는지 알 수 있습니다.

1 오염된 강은 각별히 주의해야 합니다.

강이 맑으면 마음을 편안하게 해주기 때문에 좋지만 오염되어 있으면 집으로 흉작용을 가져올 수 있습니다. 집에서 강까지의 거리가 강폭 이상 떨어져 있으면 문제없지만 그게 아니라면 주의합니다.

2 역에서 행운이 흘러들어옵니다.

역은 그 동네의 현관이라 하여 행운이 당신의 방을 향하여 흘러들어옵니다. 역이 보이는 창문은 특히 꼼꼼하게 청소하고, 방위와 궁합이 좋은 색의 소품을 두어 개운합니다. 역이 크면 클수록 좋습니다.

3 근처에 있다면 각별히 주의해야 합니다.

큰 건물이 일광을 차단한다면 각별히 주의해야 합니다. 또, 건물의 모서리가 자신의 집을 향해 있다면 나쁜 기가 들어올 수 있기 때문에 거울의 표면을 건물 모서리를 향하게 붙여서 반사시킵니다. 단, 남쪽에 높은 건물이 두 채 보이면 재능운은 상승합니다.

자기진단 2   새 집으로 이사한 당신, 어떻게 꾸밀 것인가?

새로운 마음으로 가구를 새것으로 바꿉니다. 커튼은 어떤 무늬로 선택할 건가요?

1. 꽃무늬
2. 단색
3. 체크무늬

다음은 거실에 둘 테이블을 선택합니다. 여러 테이블 중에서 어떤 것을 선택하겠습니까?

1. 내추럴한 테이블
2. 유리로 된 테이블
3. 분위기 있는 앤티크 테이블

진단결과는 다음 페이지에

부엌용품은 한 색으로 통일하려고 합니다. 무슨 색으로 할 건가요?

1 노란색 등의 밝은색

2 회색과 파란색 등의 찬색

3 흰색 등 무난한 색

마지막으로 아무것도 없는 살풍경한 화장실에 장식품을 두려고 합니다. 어떤 것을 사겠습니까?

1 큰 포스터

2 관엽식물

3 책을 수납하는 책장

진단결과 2 새로운 방이 지닌 운기의 종류를 알 수 있습니다.

A1 방이 가지고 있는 운기를 알 수 있습니다. [Q1진단]

1 애정운에 좋습니다.

좋은 애정운이 들어옵니다. 남성 등 꽃무늬를 선택하기 어려운 경우에는 줄무늬 모양도 애정운을 높이므로 추천합니다. 색깔은 밝은색이 좋습니다.

2 무난한 단색은 운기도 무난합니다.

단색은 무난하기 때문에 커다란 운기는 들어오지 않습니다. 커튼이 단색이라면 카펫과 침대보를 무늬있는 것으로 하면 방의 균형이 맞아 운기가 좋아집니다.

3 변화를 부르고 싶다면 대길입니다.

체크무늬는 변화를 부르는 무늬입니다. 지금 자신과 현재의 상태에 만족할 수 없다면 여러 색이 들어간 것으로 선택합니다. 색이 가지고 있는 힘을 많이 흡수할 수 있습니다.

A2 가정운과 사업운을 알 수 있습니다. [Q2진단]

1 가정운과 사업운이 상승합니다.

내추럴한 가구는 풍수적으로 집의 운기를 높여주므로 아주 좋습니다. 가정운과 사업운이 좋아집니다. 양질인 물건을 구입하면 더욱 좋습니다.

2 철과 유리는 풍수적으로 좋지 않습니다.

자신의 사고를 명석하게 하지 못한 경우도 있는 것입니다. 어쩔수 없이 샀다면, 매일 깨끗이 닦고 천을 깔아 놓아 흉을 대비합니다.

3 변화를 부르고 싶다면 대길입니다.

이전에 사용하던 사람이 그 가구를 가지고 있었을 때 좋은 일이 있었거나 출세를 했었다면 좋지만 그렇지 않다면 쓰지마세요. 당신의 운까지 나빠집니다.

Q3진단

A3 당신 방의 금전운을 알 수 있습니다.

1 금전운이 아주 좋아집니다.

부엌은 금전운을 담당하고, 노란색과 궁합이 좋습니다. 노란색 소품으로 전부 갖추는 것만이 아닌 부엌의 방위와 궁합이 좋은 색과 과일무늬를 더하면 금전운이 더욱 상승합니다.

2 지출이 늘어날 것입니다.

차가운 색을 부엌에서 너무 많이 사용하면 수입 자체가 감소합니다. 가능한 한 따뜻한 색과 밝은색으로 꾸며 신나는 부엌으로 만듭니다.

3 당신 하기에 달려있습니다.

어느 방위와도 궁합이 좋은 흰색을 사용하는 경우 깨끗하게 유지할 수 있는지가 포인트입니다. 부지런히 청소하거나 교체하면 금전운이 생기고, 금전운의 힘을 얻을 수 있습니다.

Q4진단

A4 당신 자신의 건강운을 알 수 있습니다.

1 건강운을 떨어지게 합니다.

화장실에 불필요한 커다란 포스터와 달력은 운기를 떨어뜨리므로 떼어냅니다. 특히 문에 붙여놓았다면 바로 떼어냅니다. 또, 화장실은 액을 털어버리는 곳이기 때문에 붙여놓은 물건에는 불운이 달라붙어 있습니다.

2 건강운이 상승합니다.

관엽식물은 운기를 상승시키는 아이템이기 때문에 화장실이 가진 건강운을 상승시키려는 움직임이 있습니다. 살풍경한 화장실이 싫다면 라벤더색의 방향제와 함께 작은 것도 괜찮으므로 관엽식물을 놓아두세요.

3 화장실에 오래 있는 것은 운기를 떨어트립니다.

화장실에서 책 등을 읽는 것은 운기를 떨어트리는 것으로 연결됩니다. 화장실은 액을 털어버리는 곳이기 때문에 그곳에서 얻은 정보는 당신에게 도움이 되지 않습니다. 행복해지고 싶다면 액이 모이기 쉬운 화장실에는 될 수 있는 한 오래 있지 않는 것이 좋습니다.

당신의 고민을 방 배치로 해결하자!

 풍수 방 배치 Q&A
~건강운편~

Question

현재의 집에 살고 나서부터 몸이 안 좋아지기 시작했습니다. 풍수에 관한 책을 보았더니 저의 집 방 배치가 좋지 않은 것 같아서 이사를 하려고 합니다. 건강에 좋은 방 배치가 있습니까?

Answer

그런 당신에게 추천하는 방 배치는 이것!!

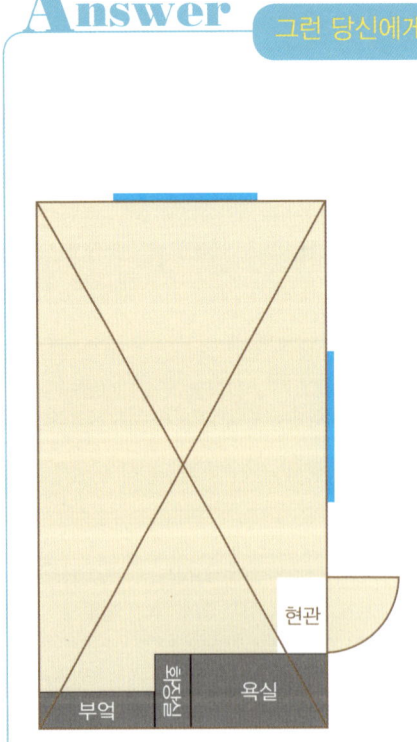

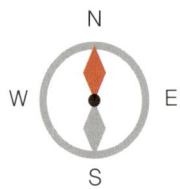

건강운에 중요한 방위는 동, 남동, 북동, 남서쪽이다

건강운을 담당하는 방위는 동쪽입니다. 아침 햇살이 건강한 힘의 원천이므로 동쪽에 현관과 창문이 있는 집을 선택하면 건강에 좋은 힘이 방으로 들어오게 됩니다. 북동, 남서쪽 귀문 방위에 물을 사용하는 등의 공간이 있다면 좋지 않습니다. 북동쪽은 남성, 남서쪽은 여성의 건강에 타격을 줄 수 있으므로 선택할 때 특히 주의합니다.

제 2 장

확실하게 행복해지는

방 배치와
인테리어 풍수

드디어 실천. 방 배치와 인테리어를 배치하는 방법을 배워 당신의 방을 더욱 행복이 들어오는 방으로 만듭니다.

최근 운이 없는 애정운과 사업운을 높이고 매일 행복하게 살고 싶다면,

거실과 침실에서 모든 행복을 충전하자

깨끗한 거실과 침실에서 자고 있는 동안 행운 체질로 바뀝니다

혼자 사는 집은 거실과 침실이 겸용인 곳이 많습니다. 풍수에서는 사람이 자는 동안 액을 털어내고 행운을 흡수한다고 생각합니다. 거실과 침실을 쾌적한 공간으로 만들고, 방위에 맞는 행운색과 소품으로 힘을 보충하면 모든 행운을 상승시킬 수 있습니다. 운이 좋은 여성이 되기 위해서는 거실과 침실의 풍수는 빼놓을 수 없습니다. 아침에 일어나서 방 창문을 열어두는 것도 중요합니다. 햇빛과 바람이 쌓여있던 액을 모두 날려버려 기분 좋은 공간을 유지할 수 있습니다.

행복을 가져다주는 거실과 침실

커튼, 침대보
한쪽은 모양이 있고, 다른 한쪽은 단색인 것으로 선택합니다. 이렇게 하면 음양의 균형을 맞출 수 있습니다.

반짝거리는 창문
행운은 지저분한 창문으로 들어오지 않습니다. 낮에는 커튼을 걷어둡니다.

목제 가구
침대, 책상, 가구는 모두 나무로 만든 것이 행운을 가져다줍니다.

소리가 나는 것은 동쪽에 위치
TV 등을 동쪽에 두면 좋은 정보가 많이 들어옵니다.

머리는 동쪽이나 남쪽에 위치
젊은 사람은 의욕이 생길 수 있도록 동쪽으로 머리를 두고 자는 것을 추천합니다. 남쪽으로 머리를 두고 자는 것은 디자이너와 같이 영감이 필요한 사람에게 아주 좋습니다.

이런 거실과 침실은 NO

1. 단조로운 인테리어다.
2. 바닥에 오래된 잡지책이 쌓여있다.
3. 커튼을 쳐두었다.
4. 조그만 인형이 많이 있다.
5. 강철이나 파이프제 침대다.

거실과 침실의 운기를 높여주는 아이템과 행동

둥근 마우스

사각형 컴퓨터는 양기를 발산하는 아이템입니다. 마우스, 마우스 패드는 디자인이 둥근 것을 사용하면 음기와의 균형을 맞출 수 있으므로 대길입니다.

화분이나 생화를 두자

운기가 내려가 있을 때는 식물이 액을 흡수하기 때문에 금방 시들어 버릴 것입니다. 시들면 당신의 액을 대신 가져가주어 고맙다는 감사의 인사를 전하고 다른 식물로 바꿉니다.

철제 침대에는 리본을 달자

강철 파이프로 된 침대는 음기가 강하므로 치워둡니다. 그럴 수 없는 경우에는 방위와 궁합이 잘 맞는 리본을 감아두면 좋습니다.

베개와 이불은 햇빛이 잘 비치는 곳에 두자

베개보 등은 가능한 한 세탁한 뒤 햇빛에서 말리는 것이 좋습니다. 세탁할 수 없는 날은 잠시라도 좋으니 햇빛에 말리면 액을 털어낼 수 있습니다.

목제로 된 쓰레기통

쓰레기통은 액을 털어내는 도구입니다. 쓰레기로 가득 차 있으면 액도 가득 차므로 주의합니다. 쓰레기통은 나무로 된 것을 추천합니다.

더욱 많은 사람에게 알려주고 싶다

거실과 침실이 북쪽에 있다면
온화한 느낌이 나도록 꾸미자

조용하지만 애정이 깊은 성격

거실이 북쪽에 있는 집에 사는 사람은 성실한 노력가이고, 애정이 깊은 경향이 있습니다. 하지만 약간 소극적이고 말 주변이 없기 때문에 주변에 휘둘리거나 감정을 이해하지 못하기도 합니다. 낮에 햇빛이 일정하게 들어오기 때문에 방의 힘은 안정되어 있지만 직사광선이 들어오지 않기 때문에 채광이 강하지는 않습니다. 정신적으로 쉽게 침울해질 수 있으므로 따뜻한 색 계열로 배색하고 청소를 깨끗하게 합니다.

거실과 침실이 북쪽에 있는 사람에게 추천하는 행운의 아이템

화사한 커튼

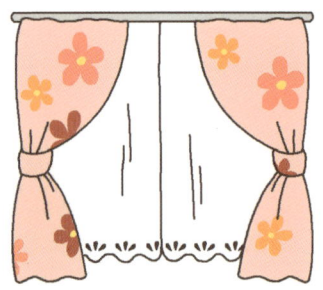

핑크색과 오렌지색, 레드 와인색 등 화사한 색의 커튼을 답니다. 침대보도 같은 계통의 색을 사용하면 좋습니다.

커다란 인형

작은 인형을 지저분하게 두는 것은 좋지 않지만 커다란 인형을 하나 두는 것은 좋습니다.

바다 풍경의 사진

북쪽 벽에 바다와 호수 풍경의 사진을 걸어두면 방위의 힘을 상승시킵니다.

풍수실례 행복보고서

남자친구와 화해했습니다!

남자친구와 싸웠을 때 풍수가 생각나서 북쪽에 핑크색 타월을 깔고, 남자친구에게서 받은 것을 모두 진열한 뒤 사진도 걸어두었습니다. 물을 상징하는 것은 없어서 둘 수 없었지만 그래도 효과는 뛰어났습니다.

상처가 잘 나고 자주 아파서 불안하다

거실과 침실이 북동쪽에 있다면 철저하게 청소하자

변화가 많아 지루하지 않은 인생

거실이 북동쪽에 있는 집에 사는 사람은 이사와 전직 등 변화가 많은 인생을 보내게 될 경향이 있어 지루하지 않을 것입니다. 의리있고 한결같은 성격이지만 그 성격 때문에 상사와 충돌할 때도 있습니다. 북동쪽은 겉귀문이므로 특히 인테리어를 깨끗하게 하지 않으면 상처가 잘 난다거나 쉽게 병이 날 수 있으므로 주의하세요.

거실과 침실이 북동쪽에 있는 사람에게 추천하는 행운의 아이템

흰색 줄무늬 커튼

줄무늬 외에 체크무늬도 좋습니다. 침대는 흰색이나 단색으로 하는 것이 좋습니다. 침대에 무늬가 있고 커튼이 단색인 조합도 좋습니다.

흰 사각형 액자

북동쪽은 흰색, 사각형과 궁합이 잘 맞습니다. 그런 소품을 놓아두면 운기가 상승합니다.

한지로 만든 흰 사각형 실내등

조명에도 방위에 맞는 행운색과 모양을 받아들입니다. 한지를 사용한 것이 가장 좋습니다.

풍수 Tip — 귀문 방위인 북동쪽은 깨끗하게 관리하자!

겉귀문인 북동쪽은 지저분한 것을 아주 싫어합니다. 아무리 궁합이 좋은 소품을 두더라도 먼지가 쌓여있거나 어둡거나 통풍이 잘 되지 않으면 아무 의미가 없습니다. 깨끗하게 관리합니다.

젊었을 때 사업으로 성공하고 싶다

거실과 침실이 동쪽에 있다면 밝고 대중적으로 꾸미자

열심히 노력하는 타입에 딱 좋다

의욕으로 가득 차고 독립심이 왕성한 사람들이 많이 보이는 방위입니다. 일을 열심히 하고 싶은 사람, 젊었을 때 성공하고 싶은 사람에게 딱 좋은 방입니다. 하고 싶은 일이 계속해서 생기기 때문에 항상 바쁘게 움직이는 인생이 될 것입니다. 그래서 편안하게 살고 싶은 사람에게는 그다지 추천하지 않습니다. 또, 금방 질리거나 성미가 급한 면도 보이므로 주의합니다.

거실과 침실이 동쪽에 있는 사람에게 추천하는 행운의 아이템

미국산 제품

미국산 제품도 동쪽과 궁합이 잘 맞는 아이템입니다. 미국이 동쪽에 있기 때문에 동쪽에는 물건을 많이 두어도 괜찮습니다.

밝은 분위기의 커튼

빨간색이나 파란색, 핑크색과 같은 색을 기본으로 한 커튼을 추천합니다. 무늬가 있든 없든 관계없으므로 침대보와 균형을 맞춰주세요.

둥글고 빨간 시계

둥글고 빨간색 물건이 동쪽의 행운 아이템입니다. 자명종 시계를 두면 사업운이 상승합니다.

> **풍수 Tip** — 소리가 나는 물건은 동쪽에 두는 것이 기본이다
>
> 동쪽은 정보운이 있기 때문에 소리가 나는 텔레비전과 라디오 등을 두면 좋은 정보가 많이 들어오게 됩니다. 단, 비밀을 이곳에서 이야기하면 밖으로 새어나갈 수 있으므로 주의하세요.

멋진 만남을 원한다

거실과 침실이 남동쪽에 있다면 좋은 향기가 나게 하자

사람이 좋고 주위의 평판이 좋다

인간관계운이 좋은 방위이므로 주위 사람의 평판도 좋고, 무슨 일이든 비교적 잘 해내는 사람이 많습니다. 비위나 분위기를 잘 맞추는 경향도 보이지만 도가 지나치면 가벼운 사람으로 보일 수도 있으므로 언행에 주의하세요.

거실과 침실이 남동쪽에 있는 사람에게 추천하는 행운의 아이템

꽃무늬 침대보

따뜻한 색이든 차가운 색이든 상관없지만 가장 추천하는 것은 핑크색 꽃무늬 침대보입니다.

아로마 향초

사업운을 높이고 싶다면 민트향, 인간관계를 좋게 하고 싶다면 플로럴향, 금전운을 좋게 하고 싶다면 감귤향, 인간관계와 금전운 둘 다 좋게 하고 싶다면 달콤한 향기가 나는 것이 좋습니다(대길). 사용할 때 좋은 일이 생겼던 향기는 그 방과 궁합이 잘 맞는 향입니다.

포푸리(potpourri)

풍수에서 향기는 아주 중요합니다. 특히 남동쪽은 향기와 궁합이 잘 맞는 방위이기 때문에 좋은 향기가 계속 나도록 합니다. 꽃향기는 애정운을 향상시키는데 효과적입니다.

풍수실례 행복보고서

좋아하는 사람이 데이트 신청을 했습니다!

남동쪽에 있는 방을 예쁘게 장식하고, 정성스레 청소했더니 좋아하는 사람과 친구에게 데이트 신청이 들어왔습니다! 인테리어로 핑크색 소품을 많이 장식했더니 잠도 잘 오고, 기분도 상쾌해졌습니다.

예뻐지고 싶고 세련됐다는 소리를 듣고 싶다

거실과 침실이 남쪽에 있다면 한 쌍인 물건으로 장식하자

센스와 아름다움을 원하는 사람에게 적합하다

화려한 것을 좋아하고 개방적인 성격이기 때문에 무언가를 숨기는데 서툽니다. 또, 감정의 기복이 심한 것도 남쪽에 있는 집에 사는 사람의 특징입니다. 사업 면에서는 창조적인 일을 하는 사람과 개성적이고 직감이 뛰어난 사람이 많습니다. 밤샘이 많은 경향을 보이므로 주의하세요.

거실과 침실이 남쪽에 있는 사람에게 추천하는 행운의 아이템

관엽식물 한 쌍

한 쌍인 것은 남쪽과 궁합이 잘 맞고, 관엽식물은 창조적인 재능을 높여주는 힘이 있기 때문에 아주 좋습니다.

녹색 침대보

녹색과 단색이 바탕이고, 빨간색 무늬가 들어간 것이 좋습니다. 또, 남쪽으로 머리를 두고 자면 직감력이 증가합니다.

반짝반짝 빛나는 물건

미(美)와 센스를 담당하는 남쪽과 궁합이 잘 맞고 아름다워지고 싶은 여성에게 아주 좋은 아이템입니다.

풍수 실례 행복 보고서

지금까지와는 달리 좋은 자리를 얻었습니다

남쪽에 좋아하는 사람의 사진을 걸어두면 만날 수 있다는 풍수를 배우고 난 뒤 가장 좋아하는 아이돌의 포스터를 붙여두었더니 무대와 아주 가까운 자리의 콘서트 티켓을 구할 수 있었고, 그 효과를 실감했습니다. 물론 지금도 실천하고 있습니다.

최근 마음의 활기가 부족하다

거실과 침실이 남서쪽에 있다면 노란색으로 꾸미자

잘 지내지만 빨리 늙는다

성격이 차분하고 태평한 사람이 많이 보이는 방위입니다. 단, 연령에 비해 늙어 보이는 사람도 많고, 특히 여성에게 그 경향이 뚜렷하게 나타납니다. 무엇이든 구사하는 솜씨가 있고, 노력가이면서 착하기 때문에 여러 사람이 잘 따릅니다. 겉귀문에 해당하므로 방을 깨끗이 청소합니다!

거실과 침실이 남서쪽에 있는 사람에게 추천하는 행운의 아이템

베이지색 계열의 커튼

석양이 비치는 것은 그다지 좋지 않으므로 남서쪽과 궁합이 잘 맞는 베이지색 커튼으로 차단합니다.

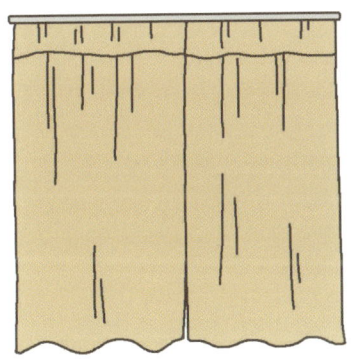

도자기 접시

흙으로 만든 도자기 접시를 장식해두면 대지의 힘을 받을 수 있습니다.

녹색 쿠션

땅과 나무를 상징하는 색과 궁합이 잘 맞는 방위입니다. 녹색 계열, 크림색 계열, 노란색 물건이 힘을 상승시킵니다.

풍수 Tip — 기운이 없을 때는 라벤더색으로 꾸미자

기운이 없거나 침울할 때는 액막이 효과가 있는 라벤더색의 꽃을 꽂아두거나 커튼을 달아두면 기분이 화사해지고 기운도 납니다.

애인에게도, 사업에서도 마음이 쉽게 변하는 게 고민이다

거실과 침실이 서쪽에 있다면 고급스럽게 꾸미자

바람기만 없다면 즐겁게 살 수 있다

숙면을 취할 수 있는 방입니다. 거실이 서쪽에 있는 집에서 사는 사람은 인생을 즐기는 타입이지만 여성인 경우에는 바람기가 있는 경향도 있습니다. 금전운이 약해 돈이 좀처럼 모이지 않습니다. 석양이 비치는 것은 좋지 않으므로 주의하세요.

거실과 침실이 서쪽에 있는 사람에게 추천하는 행운의 아이템

샹들리에 전등

약해진 금전운을 높이는데 고급스러운 아이템을 두면 좋습니다(대길). 전등도 같은 것이라면 더욱 좋습니다.

 **풍수 Tip 안정된 색으로 꾸미자**

서쪽과 궁합이 잘 맞는 인테리어 색은 노란색과 핑크색 등 채도가 높은 색이지만 침실이므로 안정된 색인 흰색, 베이지색, 크림색으로 꾸미는 것이 무난합니다.

풍수실계 행복보고서

두 달 동안 250만 원을 썼습니다

서쪽에 있는 창문을 하루 종일 열어두었더니 두 달 동안 250만 원이나 썼습니다. 알아보니 금전운을 방치하고 있는 방 배치라고 나왔습니다. 텔레비전을 다른 곳으로 옮기고, 소금을 담아놓으니 충동구매를 억제시킬 수 있었습니다.

침대

침대보와 베개 등 금전운과 궁합이 잘 맞는 노란색과 오렌지색, 베이지색 계열을 사용하는 것이 좋습니다.

지금 노력한 것을 나중에 꼭 실현시키고 싶다
거실과 침실이 북서쪽에 있다면 부드러운 색으로 꾸미자

호쾌하고 자기주장이 강한 성격이다

거실과 침실이 북서쪽에 있는 사람은 호쾌한 성격이고, 조금 독재자적인 면도 보입니다. 그 때문에 주위에서는 자기주장이 강한 사람이라고 생각할 수도 있습니다. 하지만 해를 거듭할수록 힘을 얻을 수 있는 대기만성 타입이므로 다른 사람을 배려하면 인생이 점점 좋게 열릴 것입니다.

거실과 침실이 북서쪽에 있는 사람에게 추천하는 행운의 아이템

유럽 사진, 소품

유럽은 한국에서 봤을 때 북서쪽에 있으므로 거리의 사진이나 유럽제 소품을 두면 힘을 얻을 수 있습니다.

오렌지 줄무늬 타입의 커튼

이 방위에 큰 창문이 있으면 흉상이 될 수 있으므로 운이 없는 사람은 풍수적으로 운이 좋은 오렌지색 계통의 줄무늬 커튼을 달아놓습니다. 흉작용을 억제시킬 수 있습니다.

풍수 Tip 중후한 분위기로 통일시키면 대길!

북서쪽은 중후한 물건과 궁합이 잘 맞는 방위입니다. 소파 등 인테리어 가구를 호화로운 것으로 두면 북서쪽이 가진 힘을 얻을 수 있습니다. 단, 너무 화려하면 힘을 감소시킬 수 있으므로 주의하세요.

베이지색 쿠션

베이지색은 북서쪽과 궁합이 잘 맞는 색입니다. 베이지색 소파나 쿠션을 두고 지내는 시간이 많으면 더욱 좋습니다.

현관편

인기를 얻고, 대하기 힘든 사람과도 잘 지내며, 일의 수준을 높이고 싶을 때는

현관으로 좋은 인간관계운과 사업운을 불러들이자

행복과 인간관계를 부르는 깨끗한 현관을 만듭니다

행복은 현관을 통해 집 안으로 들어옵니다. 깨끗한 현관은 행운을 불러오지만 어질러져 있고 지저분하면 행복은 도망가 버립니다. 또, 현관은 평소 액막이 공간이기도 합니다. 현관이 깨끗하면 스트레스가 쌓이지 않고, 매일 활기차게 보낼 수 있습니다.

현관의 방위는 대인관계에 영향을 줄 정도로 인간관계운과 사업운을 좌우합니다. 애인과 친구, 가족과의 관계를 좋아지게 하고 싶다면, 현관을 항상 깨끗하게 하고 각방위에 맞는 행운 아이템으로 장식해둡니다.

행운이 들어오는 현관

우산은 우산꽂이에 꽂자
물이 잘 빠지는 것을 사용합니다. 도자기로 만든 것이라면 더욱 좋습니다.

거울을 걸자
현관에 들어섰을 때 왼쪽에 있는 거울은 금전운, 오른쪽에 있는 거울은 인간관계운이 상승합니다. 현관 정면에 두는 것은 안 됩니다.

잘 신는 신발만 꺼내두자
신발을 벗어둔 채로 두는 것은 좋지 않습니다. 바닥에 꺼내둔 신발은 많아도 두 켤레만 두어 운기가 잘 통하는 현관으로 만듭니다.

현관매트를 깔아두자
바닥과 높이에 차이를 주기 위해 두께가 있는 것을 추천합니다. 단, 동물무늬 등 화려한 것은 야직하게 될 수 있으므로 좋지 않습니다.

이런 현관은 NO

1. 취미용품이 놓여있다.
2. 문에 종이와 장식이 붙어있다.
3. 우산이 그대로 놓여있다.
4. 바닥이 더럽다.
5. 신발이 몇 켤레나 놓여있다.

현관의 운기를 높여주는 아이템과 행동

식물

현관에 관엽식물이나 꽃을 계속 놓아둡니다. 꽃의 경우에는 생화가 가장 좋습니다. 드라이 플라워라면 효과가 1/3, 조화라면 1/4이 됩니다.

소금을 담아놓자

소금은 기운을 청렴하게 하고, 나쁜 기운을 막아줍니다. 예쁜 그릇에 약 10g 정도 넣어 나쁜 기운이 있는 곳에 놓고 3일에 한 번 정도 교체합니다. 이때 그 소금은 화장실 청소에 사용하도록 합니다.

방향제

방향제, 포푸리, 꽃 등 좋은 향기가 나는 것을 현관에 둡니다. 인간관계운이 상승합니다.

풍 수 실 례 행 복 보 고 서

사업운이 상승했습니다!

예능과 관련된 일을 하고 있는데, 현관에 소금을 꼭 담아두고 바닥을 하루에 두 번 물걸레질 한 후부터 사업상 일이 이전보다 빠른 속도로 들어오게 되었습니다.

바닥은 매일 닦자

바닥(마당)을 물걸레질하면 출세운이 높아집니다. 자기 자신이 출세하거나 출세한 사람과 만날 수 있습니다.

쓸데없는 것까지 다 말해 버리는 성격을 고치고 싶다

현관이 북쪽에 있다면 밝게 비추고, 따뜻한 색으로 배색하자

입은 재난의 원인! 트러블에 주의하자

현관이 북쪽에 있다면 인간관계운이 걱정됩니다. 감정기복이 심하고, 동성과 친구 맺는 것도 서툴러서 교우범위도 좁습니다. 이성과 사귀는데도 극단적으로 적극적이거나 반대로 소극적이기 쉽습니다. 또, 말하고 싶은 것을 참지 못하여 쓸데없는 것까지 말해 버립니다. 입이 재난의 원인이 되지 않도록 주의하세요.

현관이 북쪽에 있는 사람에게 추천하는 행운의 아이템

현관 매트
햇빛이 잘 들지 않는 북쪽은 따뜻한 색 물건으로 따뜻한 분위기를 만듭니다. 흰색을 바탕으로 핑크색과 오렌지색 꽃무늬가 들어간 디자인의 매트가 좋습니다.

따뜻한 색의 꽃
따뜻한 색의 꽃에 하얀 안개꽃을 섞어두면 효과가 커집니다. 꽃병은 약간 길고 흰색으로 된 것이 좋습니다.

핑크색 조명
빛이 들어오지 않는 북쪽은 밝게 하는 것이 중요합니다. 간접조명으로는 핑크색 전등갓이 있는 스탠드를 추천합니다.

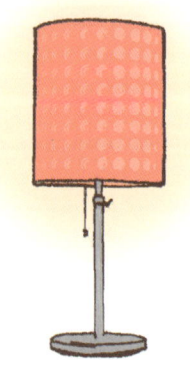

꽃이 그려진 엽서
꽃이 그려진 엽서를 장식해두면 인간관계운이 상승합니다. 밝은 분위기가 나는 것으로 선택하세요.

대인과 사업문제를 한번에 역전시키고 싶다

현관이 북동쪽에 있다면 흰색 배색으로 청결하게 하자

현관이 깨끗하면 행운이 들어온다

시원시원한 성격인 사람이 많은 현관입니다. 하지만 표면상은 조용하더라도 속마음은 까다로워서 인간관계운은 그다지 좋다고 할 수 없습니다. 또, 사업면에서는 전직과 전근이 많습니다. 현관을 길상으로 만들면 크게 성공하거나 돈이 생기는 등 인생이 좋은 방향으로 흘러갑니다.

현관이 북동쪽에 있는 사람에게 추천하는 행운의 아이템

흰색 백합

흰 사각형 꽃병에 흰색 백합을 꽂아둡니다. 색이 있는 꽃도 좋습니다. 흰색 꽃병이 없다면 종이나 천으로 싸서 하얗게 만들어도 좋습니다.

흰색 현관매트

매트는 북동쪽의 행운색인 흰색이 좋습니다. 단, 어수선하다면 깔지 않아도 됩니다.

흰색 운동화

신발장 안에는 흰색 운동화를 넣어둡니다. 건강운이 상승합니다.

소년 그림

소년 그림이 행운의 아이템입니다. 아는 남자 아이의 사진을 장식해두면 좋습니다(대길).

사업도 잘하고 교우관계도 원만하고 싶다

현관이 동쪽에 있다면 행운의 아이템을 장식해두자

폭넓은 교우관계를 가져오는 현관

점점 교우관계가 넓어지므로 젊은 사람에게 딱 맞는 현관입니다. 햇빛이 잘 비칠수록 좋습니다. 사업 면에서는 결과를 내기 위해 너무 조급해하면 실패할 수 있으므로 성과를 내고 싶다면 초조해하지 말고 납득할 때까지 견디는 것이 중요합니다.

현관이 동쪽에 있는 사람에게 추천하는 행운의 아이템

3가지 색의 꽃

숫자 3과 궁합이 잘 맞습니다. 같은 꽃을 3가지 색이나 3종류의 꽃을 꽂아두는 것을 추천합니다. 빨간색의 꽃도 꽂으면 좋습니다.

문에 종을 달아두자

동쪽은 소리와 궁합이 잘 맞는 방위입니다. 문에 종을 달아두어 문을 열고 닫을 때 아름다운 소리가 나도록 하면 운기가 상승합니다.

목제 시계

동쪽은 나무로 만든 것과 궁합이 잘 맞습니다. 행운의 아이템인 시계와 조화시켜 사업운을 상승시킵니다.

화려한 현관매트

현관매트는 화려한 것이 사업운 상승으로 연결됩니다. 빨간색과 녹색 꽃무늬를 추천합니다.

주변 사람과 잘 지내고 싶다

현관이 남동쪽에 있다면 인테리어를 자연스럽게 꾸미자

좋은 인간관계를 쌓을 수 있다

아주 인간관계가 좋은 현관이고, 좋은 연애운도 가져옵니다. 누구에게나 사랑받는 성격으로 이웃 사람과도 잘 지내고, 사람을 사귀는 데 능숙한 사람이 많습니다. 사람의 장점이 결점이 되는 일도 있지만 인간관계운은 양호합니다. 단, 악취를 싫어하는 방위이므로 향기에는 신경 쓰도록 합니다.

현관이 남동쪽에 있는 사람에게 추천하는 행운의 아이템

레이스가 달려있는 깔개

행운의 아이템을 장식할 때는 아래에 레이스가 달려있는 깔개를 깔아둡니다. 보다 높은 효과를 기대할 수 있습니다.

파스텔색의 매트

현관매트의 색은 따뜻한 색, 차가운 색도 좋지만 짙은 색보다는 옅은 색을 추천합니다.

4가지 색의 꽃

남동쪽은 꽃과 궁합이 잘 맞는 방위이므로 꽃은 꼭 꽂아둡니다. 핑크색, 빨간색, 노란색, 흰색의 4가지 색의 좋은 향기가 나는 꽃을 꽂아두면 더욱 좋습니다.

좋은 향기가 나는 물건

향기와 궁합이 잘 맞는 방위이므로 방향제와 포푸리를 두면 운기가 상승합니다. 멋진 아로마포트를 장식해두는 것도 좋습니다.

센스와 관련된 일로 성공하고 싶다

현관이 남쪽에 있다면 반짝거리고 한 쌍인 아이템을 두자

독립심이 강하고 간섭받는 것을 싫어한다

독립심이 강한 사람이 많습니다. 미래의 목표가 있는 사람들이 룸메이트로도 가장 좋습니다. 보통은 서로 간섭하지 않지만 무슨 일이 생긴 경우에는 단결됩니다. 단, 적군과 아군을 확실하게 나누는 점이 있으므로 주의합니다. 또, 직업이 창조적인 계열인 사람이 살게 되면 센스를 갈고 닦아 재능을 발휘할 수 있으므로 추천합니다.

현관이 남쪽에 있는 사람에게 추천하는 행운의 아이템

한 쌍의 식물 그림

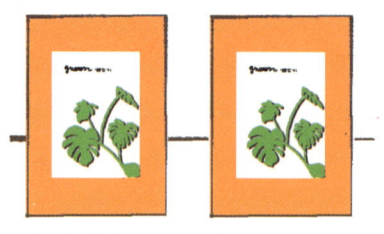

녹색 식물의 그림을 둡니다. 남쪽은 한 쌍인 것과 궁합이 잘 맞으므로 같은 것을 나란히 두는 것을 추천합니다.

 남쪽과 대량의 물은 궁합이 좋지 않습니다.

남쪽에 대량의 물을 두면 사이좋은 사람들과도 싸우게 되고, 외로워집니다. 어항이나 큰 꽃병은 두지 마세요.

심플한 현관매트

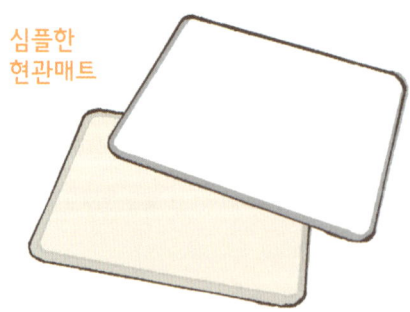

현관매트는 심플한 것으로 선택합니다. 화려한 것은 쓸데없는 지출이 늘어나거나 필요 없는 인간관계만 넓어집니다. 색은 남쪽의 행운색인 흰색과 아이보리색이 좋습니다.

한 쌍의 크리스털

반짝반짝 빛나는 크리스털 장식품을 남쪽에 두면 기운이 상승합니다. 한 쌍으로 두면 더욱 좋습니다.

나도 이제 결혼하고 싶다

현관이 남서쪽에 있다면 심플한 소품으로 정돈하자

운기는 그럭저럭, 늦게 결혼하는 경향이 있다

성격은 온화하고 노력가입니다. 주위에서 평판도 좋지만 커플과 가정에서는 여성이 우월한 지위가 될 경향이 강합니다. 또, 독신여성은 늦게 결혼하는 경향이 있습니다. 겉귀문인 남서쪽은 지저분한 것을 싫어합니다. 이곳이 흉상이 되면 사람이 게을러지거나 여성의 건강 면에도 악영향을 미치므로 항상 깨끗하게 합니다.

현관이 남서쪽에 있는 사람에게 추천하는 행운의 아이템

노란색과 녹색 매트

현관매트는 깔든 깔지 않든 상관없습니다. 매트를 까는 경우에는 방위와 궁합이 잘 맞는 노란색과 녹색을 추천합니다.

화분

땅과 궁합이 잘 맞는 방위이므로 화분이 행운의 아이템입니다. 꽃병은 도자기와 초벌구이 한 것이 좋습니다.

갈색 신발

바닥을 깨끗이 닦고, 갈색 신발 한 켤레를 꺼내두면 운기가 상승합니다.

초원 풍경의 그림

초원의 편안한 풍경 그림을 두면 좋은 운기를 불러들일 수 있습니다.

계속 외출해서 지출이 많은데 어떡하지?

현관이 서쪽에 있다면
노란색 꽃과 과일을 두자

친구가 놀러오고 싶어지는 밝은 현관

밝고 사교적인 성격으로 사람을 사귀는 데도 능숙합니다. 친구가 많이 찾아오는 왁자지껄한 방이 될 것입니다. 외출하는 것도 좋아하기 때문에 집을 자주 비우는 경우도 있습니다. 그러나 금전운 면이 불안합니다. 대량의 물을 두는 것은 안 됩니다. 석양도 가능한 한 차단합니다.

현관이 서쪽에 있는 사람에게 추천하는 행운의 아이템

노란색 과일

서쪽 방위는 노란색과 궁합이 잘 맞습니다. 살아있는 것은 더욱 효과가 크므로 바나나와 레몬 같은 노란색 과일로 장식해둡니다.

신발장에 하이힐을 넣어두자

신발장에 흰색 하이힐과 명품 구두를 수납하면 운기가 상승합니다.

핑크색 매트

더 많은 친구가 찾아오게 하고 싶다면 핑크색의 꽃무늬 현관매트를 깔아두면 좋습니다.

노란색 꽃

서쪽도 꽃과 궁합이 잘 맞는 방위입니다. 노란색 꽃을 중심으로 흰색 꽃을 곁들여 장식합니다. 조그마한 꽃병에 넓게 퍼지게 꽂으면 좋습니다(대길).

내 주장이 너무 강한가!?
현관이 북서쪽에 있다면 안정된 분위기로 만들자

착실한 여성이 꾸미는 현관

북서쪽 현관은 재력과 지위가 있는 사람을 향하고 있는 현관입니다. 일반인에게는 조금 짐이 될 수 있습니다. 여성의 경우 착실한 사람이지만 남성에게 온갖 자기주장을 하는 경향이 있습니다. 한편, 남성은 직장에서 실력을 발휘하지 못하거나 힘을 인정받지 못하는 경향이 있습니다. 풍수술로 힘을 보충합니다.

현관이 북서쪽에 있는 사람에게 추천하는 행운의 아이템

흰색 꽃

꽃을 둔다면 희고 둥근 꽃을 둡니다. 거베라 등을 추천합니다. 꽃병도 희고 둥근 것이 좋고 동그랗게 꽂아둡니다.

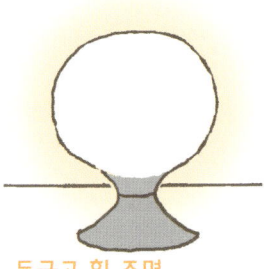

둥글고 흰 조명

북서쪽 방위와 궁합이 잘 맞는 둥글고 흰 스탠드 조명이 좋습니다.

 **불필요한 구두를 꺼내놓았다**

불필요한 구두를 바닥에 꺼내두면 사업운이 내려갑니다. 이는 모든 방위에서 마이너스가 되는 점이지만 북서쪽은 특히 주의해야 합니다.

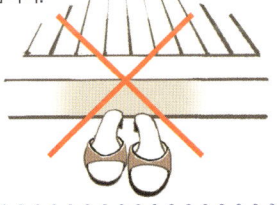

베이지색 현관매트

베이지색 외에는 녹색 계열의 매트도 추천합니다. 두께가 있는 것을 선택합니다. 가능한 한 고급스러운 것을 두면 운기가 상승합니다.

미래를 대비해 저금하고, 쇼핑과 여행하려고 돈이 필요할 때는

부엌을 깨끗하게 해서 돈을 모으자

단점을 보완하여 금전운을 불러들이는 부엌으로 만들자

행복은 현관을 통해 집 안으로 들어옵니다. 깨끗한 현관은 행운을 불러오지만 어질러져 있고 지저분하면 행복은 도망가 버립니다. 또, 현관은 평소 액막이 공간이기도 합니다. 현관이 깨끗하면 스트레스가 별로 쌓이지 않고, 매일 활기차게 보낼 수 있습니다.

현관은 방위가 대인관계에 영향을 줄 정도로 인간관계운과 사업운도 좌우합니다. 애인과 친구, 가족과의 관계가 좋아지게 하고 싶다면, 현관을 항상 깨끗하게 하고 방위에 행운의 아이템으로 장식해둡니다.

금전이 상승하는 부엌

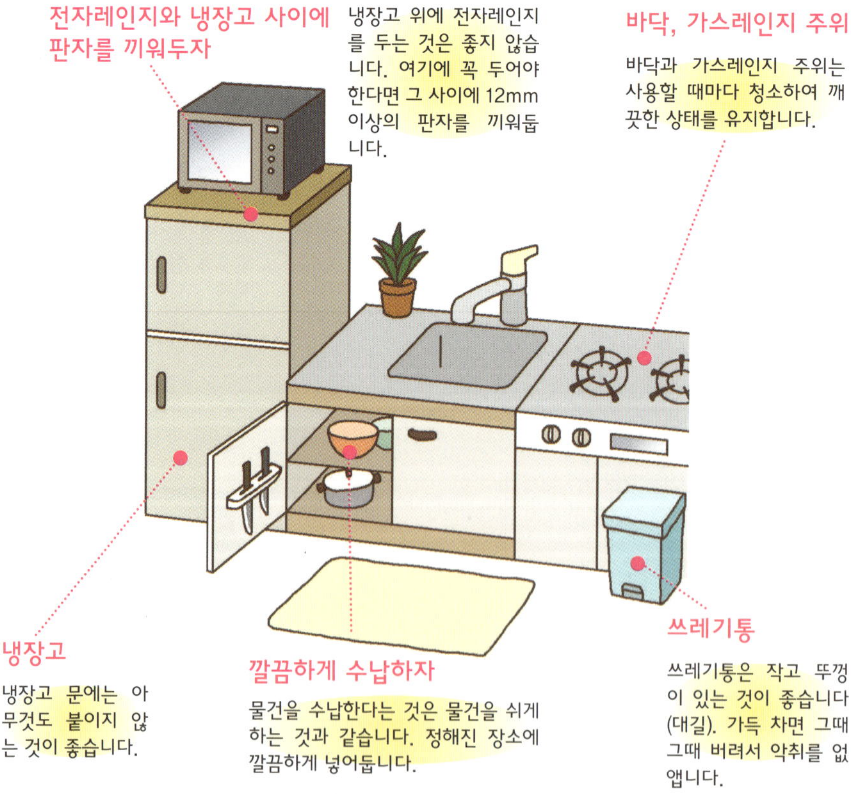

전자레인지와 냉장고 사이에 판자를 끼워두자

냉장고 위에 전자레인지를 두는 것은 좋지 않습니다. 여기에 꼭 두어야 한다면 그 사이에 12mm 이상의 판자를 끼워둡니다.

바닥, 가스레인지 주위
바닥과 가스레인지 주위는 사용할 때마다 청소하여 깨끗한 상태를 유지합니다.

냉장고
냉장고 문에는 아무것도 붙이지 않는 것이 좋습니다.

깔끔하게 수납하자
물건을 수납한다는 것은 물건을 쉬게 하는 것과 같습니다. 정해진 장소에 깔끔하게 넣어둡니다.

쓰레기통
쓰레기통은 작고 뚜껑이 있는 것이 좋습니다(대길). 가득 차면 그때그때 버려서 악취를 없앱니다.

이런 부엌은 NO

1. 전자레인지가 냉장고 바로 위에 있다.
2. 냉장고 문에 메모가 붙어있다.
3. 냄비가 가스레인지 위에 그대로 있다.
4. 식칼을 꺼내두었다.
5. 쓰레기봉투가 그대로 나와 있다.

부엌의 운기를 높여주는 **아이템과 행동**

과일무늬 식기
부엌용품에는 과일 디자인이 좋습니다. 과일 모양인 것과 과일무늬가 있는 것이 좋습니다.

앞치마
앞치마를 입는 깃을 습관화힙니다. 요리힐 의욕이 생깁니다. 브랜드 앞치마는 사용하는 사람의 격을 높여줍니다. 과일무늬도 좋습니다 (대길).

배수구・환기팬
배수구가 깨끗하면 미용운이 상승하여 피부가 깨끗해지는 효과가 있습니다. 환기팬이 지저분하면 인간관계가 나빠지므로 항상 깨끗하게 합니다.

풍수실례 행복보고서

여드름이 줄어들었습니다!
배수구를 깨끗하게 하자 여드름이 줄어들고 피부 상태가 좋아졌습니다! 간단하지만 아주 효과가 있는 풍수네요.

저금을 하고 싶은데 좀처럼 돈이 모이지 않는다

부엌이 북쪽에 있다면 따뜻한 색으로 꾸미자

낭비가 심해 돈이 모이지 않는다

부엌이 북쪽에 있으면 낭비가 심한 경향이 있습니다. 돈 때문에 곤란한 적은 없지만 좀처럼 저축하지도 못합니다. 북쪽이 가진 물의 기가 움직여서 물이 흘러가는 것과 같이 돈도 흘러가버리는 것이 원인입니다. 또, 정신적으로 약해진 영향도 있습니다.

부엌이 북쪽에 있는 사람에게 추천하는 행운의 아이템

핑크색 식기

북쪽과 궁합이 잘 맞는 것은 핑크색과 오렌지색 등 따뜻한 색입니다. 접시와 수저, 포크, 나이프를 이 색으로 갖춥니다.

밝은색 꽃무늬 매트

부엌매트도 행운색이 들어간 것을 깔아둡니다. 핑크색과 오렌지색 등 밝은색의 꽃무늬매트로 흉작용을 줄일 수 있습니다.

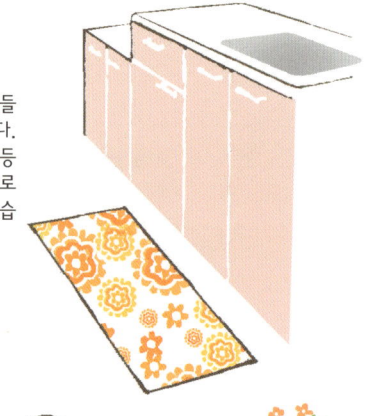

부분적으로라도 행운색이 들어간 것이 좋다

국자와 뒤집개의 손잡이 등 부분적이라도 상관없으므로 행운색이 들어간 것이 많을수록 좋습니다!

개수대에 꽃을 두자

꽃 풍수로 부엌의 힘을 높입니다. 핑크색과 오렌지색의 꽃을 따뜻한 색 계열의 꽃병에 꽂아 장식합니다. 개수대 등 잘 보이는 곳에 두는 것이 포인트입니다.

필요 없는 것까지 사는 버릇을 고치고 싶다

부엌이 북동쪽에 있다면 지저분한 것은 좋지 않다

쓸데없는 곳에 돈을 자주 쓴다

부엌이 북동쪽에 있는 경우 돈을 꾸준히 모아도 쓸데없는 곳에 사용하거나 모아둔 돈을 상회할 정도의 커다란 지출이 생기는 경우가 많습니다. 운기를 높이고 싶다면 청소와 환기를 철저하게 하고, 부엌을 깨끗하게 유지하는 것을 생활화합니다.

부엌이 북동쪽에 있는 사람에게 추천하는 행운의 아이템

전자레인지 근처에 식물을 두자

전자레인지와 냉장고가 같이 있는 경우에는 그 사이에 12mm 이상의 판자를 끼워두는 것이 풍수의 기본입니다. 북동쪽이므로 전자레인지 위에 소금을 담아두고, 근처에 식물을 놓아둡니다.

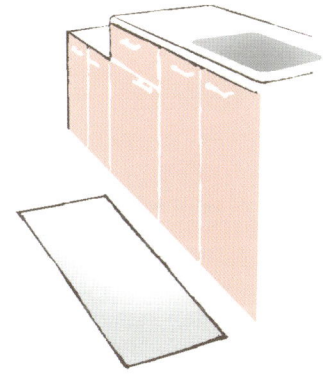

흰색 매트

부엌매트도 흰색이 좋습니다. 다른 색으로 하고 싶은 경우에는 베이지색과 노란색 등 지저분해졌을 때 바로 눈에 띄는 것이라면 좋습니다.

흰색 식기

식기도 흰색을 중심으로 갖춥니다. 깨끗하게 닦아 식기 선반에 수납하세요.

흰색 앞치마

앞치마, 슬리퍼, 타월도 전부 흰색으로 통일시켜 주세요. 한 달에 2~3번은 소금과 술을 묻혀서 닦는 것이 좋습니다.

충동구매하는 성격을 고치고 싶다

부엌이 동쪽에 있다면 밝은 분위기가 나게 하자

금전운은 좋지만 충동구매에 주의하자

덜렁대지만 호기심이 왕성한 여성이 많습니다. 금전 감각에 예민하고 선견지명도 있어 돈을 계획적으로 모으기 때문에 금전운은 좋은 편입니다. 하지만 충동구매하는 경우가 많아 좀처럼 목표를 달성하기 힘듭니다. 동쪽에 있는 부엌에서 만든 아침밥을 먹으면 운기가 상승합니다. 일찍 일어나서 아침밥을 만들어 보세요.

부엌이 동쪽에 있는 사람에게 추천하는 행운의 아이템

나무로 된 물건

부엌이 동쪽에 있으면 나무로 된 물건과도 궁합이 잘 맞습니다. 목제 식기도 좋습니다.

빨간 주전자

동쪽과 궁합이 잘 맞는 빨간색 물건을 둡니다. 끓었을 때 소리가 나는 주전자가 좋습니다.

풍수 Tip 음악을 들으면서 조리하면 좋습니다(중길).

동쪽은 소리와 궁합이 잘 맞으므로 라디오, MP3 등으로 음악과 뉴스를 들으면서 요리하면 운기가 상승합니다.

파란색 부엌용품

마음을 침착하게 만드는 파란색 물건을 둡니다. 충동구매를 감소시킵니다.

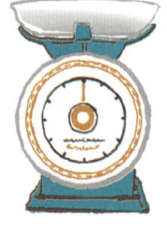

컬러풀한 식기

동쪽에 있는 부엌은 대중적인 분위기와 잘 맞습니다. 식기 선반에 컬러풀한 식기를 수납해둡니다.

돈 때문에 고민하고 싶지 않다

남동쪽에 있는 부엌이 깨끗하다면 금전운은 양호하다

여성을 행복하게 만드는 행운의 부엌

여성에게도 가장 행복한 부엌입니다. 그다지 노력하지 않아도 모두가 친절하게 대해주어 자연스레 행운이 들어옵니다. 금전운도 양호합니다. 곤란한 시기에도 주변 사람이 도와줍니다. 단, 부엌이 지저분하거나 악취가 나면 이상한 소문이 생길 수도 있으므로 항상 깨끗이 청소하고, 음식물 쓰레기는 꽉 차기 전에 버리세요.

부엌이 남동쪽에 있는 사람에게 추천하는 행운의 아이템

꽃무늬 머그컵

식기 선반에 꽃무늬 컵을 놓아둡니다. 남동쪽의 힘이 상승합니다.

꽃으로 디자인된 냄비

꽃이 그려져있는 물건과 꽃의 형태를 하고 있는 물건이 행운의 아이템입니다. 과일 디자인도 좋습니다(대길).

단색 장갑

그 밖에는 녹색, 베이지색, 오렌지색의 물건이 남동쪽에 있는 부엌과 궁합이 잘 맞습니다.

봄 　 여름
가을 　 겨울

계절감이 있는 식기

봄에는 진달래꽃이 디자인된 것, 여름에는 시원해보이는 것과 같이 그 계절과 맞는 물건을 갖추는 것이 좋습니다.

풍수 Tip 　 **환기팬을 강하게 돌리면 운기 UP!**

남동쪽은 바람과 궁합이 잘 맞으므로, 환기팬의 바람이 강할수록 운기가 상승합니다.

사람들에게 돈 씀씀이가 헤프다는 소리를 듣는다

부엌이 남쪽에 있다면 센스있게 정리하자

돈 씀씀이가 헤퍼진다

부엌이 남쪽에 있으면 화려한 것을 좋아하는 성격이 됩니다. 요리도 먹음직스럽게 담아두는 타입입니다. 돈 씀씀이도 헤퍼 저금은 하지 않고 옷 등 장신구에 돈을 많이 쓰지만 물건을 보는 안목이 있기 때문에 손해보는 일은 없습니다. 세련되게 치장하고 부엌에 있으면 운기가 상승합니다.

부엌이 남쪽에 있는 사람에게 추천하는 행운의 아이템

스테인리스 볼

남쪽과 궁합이 잘 맞는 소재는 스테인리스 입니다. 반짝거리게 닦아 광택을 냅니다.

같은 것을 2개 놓아두자

남쪽에는 한 쌍인 것을 장식하면 운기가 상승합니다. 같은 소금 통을 2개 진열해 둡니다.

리조트 사진

부엌 벽에 괌 등 남쪽에 있는 리조트의 사진을 걸어두면 좋습니다.

유리 식기

크리스털과 유리 등 반짝반짝 빛나는 식기도 행운의 아이템입니다. 식기는 같은 종류로 갖추어 통일감을 주면 더욱 좋습니다.

'그때 샀으면 좋았을 텐데'라고 후회만 한다
부엌이 남서쪽에 있다면 흙과 관련된 것을 두자

돈은 모이지만 유용하게 사용하지 못한다

돈을 모을 수는 있지만 사용하는 것에는 서툽니다. 우유부단한 점이 있고, 너무 신중해서 돈을 유용하게 활용하지 못하는 경우가 많습니다. 또, 남서쪽에 부엌이 있는 사람이 요리를 잘하는 것도 특징입니다. 눈치가 빨라서 좋은 엄마가 될 수 있습니다. 자주 부엌에서 요리 솜씨를 갈고 닦습니다.

부엌이 남서쪽에 있는 사람에게 추천하는 행운의 아이템

전통 식기

전통 식기와 흙으로 만든 것과 궁합이 잘 맞는 방위이므로 도자기로 만든 전통 식기를 사용하면 좋습니다.

허브를 키우자

흙과 궁합이 잘 맞는 남서쪽의 부엌에는 화분을 둡니다. 싱크대 옆에 허브를 심은 화분을 두면 좋습니다.

종이 냅킨

종이 제품도 행운의 아이템입니다. 꽃무늬 종이 냅킨을 많이 사용하면 부엌에 좋은 작용을 합니다.

베이지색 식기

베이지색 물건을 두어 부드러운 분위기로 만듭니다. 크림색, 노란색, 라벤더색과 궁합이 잘 맞습니다.

사고 싶은 것을 사지 않고는 못 견딘다

부엌이 서쪽에 있다면 노란색 소품을 두자

낭비가 심하기 때문에 금전운은 조금 부족하다

사고 싶은 것은 꼭 사야 되는 성격으로 충동구매가 많기 때문에 금전운은 좋다고 할 수 없습니다. 외출하는 것을 좋아하고, 밖에서는 활기찬데 집에 들어오면 갑자기 침울해지는 경우도 있습니다. 외식하는 것을 좋아하기 때문에 맛집을 잘 찾아내지만 집에서 만든 것을 먹으면 운기가 상승하므로 집에서 만들어 먹습니다.

부엌이 서쪽에 있는 사람에게 추천하는 행운의 아이템

노란색 부엌용품

금전운에 효과가 있는 '서쪽 노란색'이라는 풍수입니다. 최근에는 컬러풀하고 귀여운 부엌용품이 많으므로 잘 선택하여 둡니다.

노란색 꽃무늬매트

서쪽과 궁합이 잘 맞는 노란색 부엌매트를 깔아둡시다. 무늬는 꽃무늬가 좋습니다(대길). 낭비와 충동구매를 줄일 수 있습니다.

파란색 물건을 두자

파란색 물건을 조금 둡니다. 침착하게 만들어 낭비가 줄어들 것입니다.

흰색 도자기

금전운을 상승시키는 데 효과가 좋은 노란색 부엌용품과 흰색 소품을 같이 둡니다. 돈을 잘 모을 수 있습니다. 소재는 도자기로 된 것을 추천합니다.

꾸미는 데 돈을 많이 쓴다

부엌이 북서쪽에 있다면
안정적인 색과 소재를 사용하여 꾸미자

꾸미는 것이 지출의 원인이다

부엌이 북서쪽에 있으면 자기중심적이 될 경향이 있습니다. 금전감각도 없습니다. 수입은 있지만 사치하느라 고가의 물건을 사거나 기세 좋게 한턱내거나 해서 돈을 많이 낭비해 걱정입니다.

부엌이 북서쪽에 있는 사람에게 추천하는 행운의 아이템

목제로 된 수저, 포크, 나이프

목제와 천연소재의 물건과 궁합이 잘 맞는 방위이므로 식기와 수저, 포크, 나이프를 목제 제품으로 두면 운기가 상승합니다.

고급스러운 식기

고급스러운 식기를 선반에 넣어둡니다. 풍수에서 고급스러운 것에는 좋은 운기가 깃들여 있습니다.

녹색 냄비

북서쪽과 궁합이 잘 맞는 녹색 조리도구가 행운의 아이템입니다. 그 밖으로 크림색과 오렌지색의 물건을 사용하는 것도 좋습니다 (대길).

가족 사진

가족이 다 함께 찍은 사진도 행운의 아이템입니다. 벽에 걸어두면 좋습니다.

욕실과 화장실편

애인과 싸우고, 연애가 지루하며, 몸 상태가 좋지 않을 때는

욕실과 화장실에서 문제를 개선하자

욕실과 화장실을 청결하게 유지하여 애정과 건강 문제를 방지한다

욕실은 애정운을 담당합니다. 연애 문제를 해결하고 싶고, 좋은 연애를 하고 싶다면 환기와 청소를 철저하게 합니다. 또, 목욕시간은 하루 동안 쌓인 액을 털어버리는 시간이기도 합니다. 깨끗한 욕조라면 액막이 효과가 크고, 기분전환을 할 수 있습니다.

화장실이 담당하는 것은 건강운입니다. 물이 흐르는 곳이라서 지저분해지기 쉬운 화장실은 매일 청소하여 방위의 힘을 높여야 합니다. 욕실과 화장실이 같은 공간에 있는 풍수는 화장실이 있는 방위를 토대로 생각합니다.

행운이 들어오는 욕실과 화장실

행운색 용기
샴푸와 린스는 행운색인 작은 용기에 옮겨 담아서 사용합니다.

환기가 중요하다!
창문이 있다면 창문을 열고, 창문이 없다면 환기팬을 돌려 바깥 공기가 들어오게 하여 습기가 차는 것을 방지합니다. 습기는 방위의 운기를 낮춥니다.

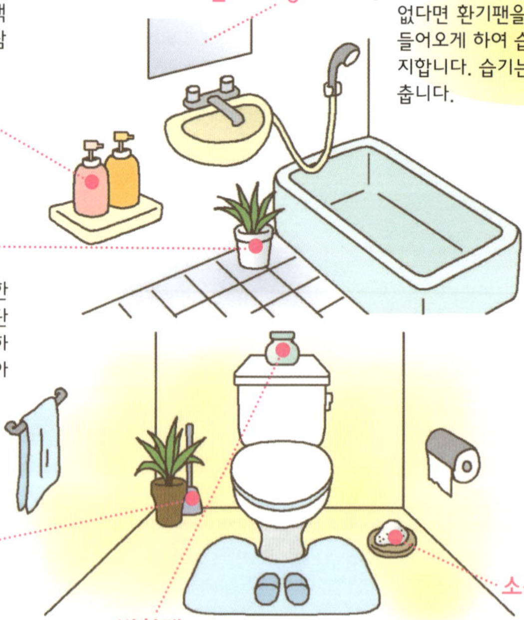

식물
작은 관엽식물, 꽃 한 송이라도 좋습니다. 단점도 보충하고, 편안하게 해주는 효과가 높아집니다.

청소도구는 식물로 감추자
변기청소용 솔 등은 구석에 두고 관엽식물로 감춥니다.

방향제
좋은 향이 은은하게 나면 화장실의 기가 바뀝니다. 단, 너무 강한 향은 역효과를 줍니다.

소금을 담아두자
귀문, 특히 겉귀문과 창문이 없는 욕실, 화장실에는 소금을 담아 둡니다.

이런 욕실과 화장실은 NO

1. 욕조에 뜨거운 물을 담아놓았다.
2. 특수용기에 샴푸류를 담아놓았다.
3. 보이는 곳에 청소도구가 있다.
4. 화장지를 쌓아두었다.
5. 화장실 슬리퍼와 매트가 없다.

욕실과 화장실의 운기를 높이는 아이템과 행동

화장실에는 필요한 최소한의 물건만 두자

화장실에 물건을 두면 액이 잘 쌓입니다. 화장지를 두는 것도 좋지 않습니다. 가능한 한 화장실 밖에 수납하도록 합니다.

창문이 없는 화장실에는 반드시 라벤더용품을 두자

창문이 없는 화장실은 풍수적으로 흉이므로 액을 막기 위해 라벤더색 용품을 사용합니다. 라벤더꽃을 걸어두는 것도, 라벤더향의 방향제를 두는 것도 효과가 있습니다.

비누

비누는 자신이 좋아하는 향을 사용하는 것이 좋습니다(대길). 도자기와 크리스털제 비누 케이스에 담아둡니다.

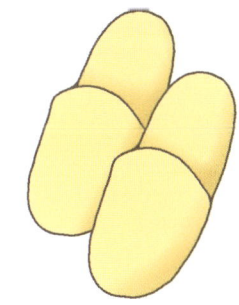

슬리퍼

화장실용 슬리퍼는 꼭 필요합니다! 액이 몸으로 들어오는 것을 막아줍니다. 지저분해지지 않도록 조심하고, 지저분해지면 새 것으로 바꿉니다.

남자친구가 계속 바람을 핀다

욕실과 화장실이 북쪽에 있다면 밝고 따뜻한 느낌이 나게 꾸미자

남자친구의 바람기와 냉병에 주의하자

욕실이 북쪽에 있으면 애인의 바람기로 고민하게 되는 경우가 많아집니다. 욕실을 밝은 분위기로 바꾸어 바람기를 막으세요. 환기를 확실하게 하는 것도 중요합니다. 또, 화장실이 북쪽에 있는 경우 냉병과 스트레스에 주의해야 합니다.

욕실과 화장실이 북쪽에 있는 사람에게 추천하는 행운의 아이템

향이 너무 강하지 않은 것

애인의 바람기가 신경쓰이는 사람은 향이 강한 입욕제는 피합니다.

레드 와인색 샴푸통

욕실제품은 핑크색과 오렌지색, 레드 와인색 등 따뜻한 색 계열과 황갈색인 것이 좋습니다. 마음에 드는 샴푸, 린스를 이런 색의 통에 넣어둡니다.

따뜻한 색의 입욕제

입욕제도 따뜻한 색이 좋습니다. 핑크색의 꽃잎을 탕에 띄우는 것도 멋진 아이디어!

남자친구의 바람기가 줄어들었습니다!

지금까지 사귀었던 사람과는 모두 상대방의 바람기 때문에 헤어졌습니다. 무엇이든지 하고 싶어 욕실 풍수를 시험해보았습니다. 욕실 제품을 핑크색으로 바꾸고, 향이 강한 입욕제를 넣는 것을 좋아했지만 그것도 바꿨습니다. 풍수가 효과가 있는 건지 새로운 남자친구는 아주 성실하여 바람기 걱정도 없어졌습니다.

자주 몸이 안 좋아져서 건강에 자신이 없어졌다

욕실과 화장실이 북동쪽에 있다면
구석구석 깨끗하게 청소하자

청결하고 반짝반짝 빛나는 욕실과 화장실로 만들자

애인에게 집착하지 않고 쿨한 연애를 하는 타입입니다. 잠깐 놀기만 하려고 했던 것이 일과 금전문제로까지 발전하여 인생을 망칠 수도 있으므로 주의하세요! 북동쪽에 화장실이 있으면 자주 상처가 나거나 병이 잘 낫지 않을 수 있습니다. 환기를 철저하게 합니다.

욕실과 화장실이 북동쪽에 있는 사람에게 추천하는 행운의 아이템

흰색 비누, 샴푸

욕실제품은 북동쪽과 궁합이 잘 맞는 흰색으로 놓아둡니다. 샴푸통과 비누 케이스, 가능한 한 비누도 흰색이면 더욱 좋습니다.

흰색 타월, 매트

타월, 매트도 흰색으로 통일합니다. 흰 것은 지저분해지면 눈에 잘 띄기 때문에 자주 청소하는 습관이 생깁니다.

목욕용 소금

천연 입욕제인 바스 솔트는 풍수적으로 최고 좋은 입욕제입니다. 특히 북동쪽 욕실에 효과적입니다.

풍수 Tip : 공기도 청결하게 유지하기 위해 환기팬은 항상 돌리사

어느 방위에 있는 화장실이든지 환기를 철저하게 하여 습기가 차지 않도록 하는 것이 중요합니다. 창문이 없다면 24시간 환기팬을 돌립니다. 북동쪽은 특히 청결하게 유지하는 것이 좋습니다. 흰색 타월과 소품은 깨끗한 것을 사용하고, 지저분해지면 바로 세탁합니다.

일과 연애로 숨이 막힐 때는 동쪽에 있는 욕실과 화장실에서 기분전환을 하자

좋은 아이디어가 떠올라 기분전환할 수 있다

입욕 중에 좋은 아이디어가 떠오르게 하는 욕실입니다. 사랑과 사업을 크게 발전시키는 방법과 고민 해결 방법을 떠올릴 수 있습니다. 기분전환으로도 동쪽에 있는 욕실은 아주 좋습니다. 한편, 동쪽에 있는 화장실은 목과 장기에 문제를 일으키는 경우가 있습니다. 부지런히 청소합니다.

욕실과 화장실이 동쪽에 있는 사람에게 추천하는 행운의 아이템

미국산 샴푸
욕실에 창문이 없는 경우에는 미국산 샴푸와 비누를 사용합니다. 동쪽의 힘을 상승시킬 수 있습니다.

라디오
욕실에 방수가 되는 라디오를 놓고, 음악을 들으면서 입욕하면, 운기가 상승하여 트러블이 생기는 것을 막아줍니다. 행운색인 빨간색 라디오라면 더욱 좋습니다.

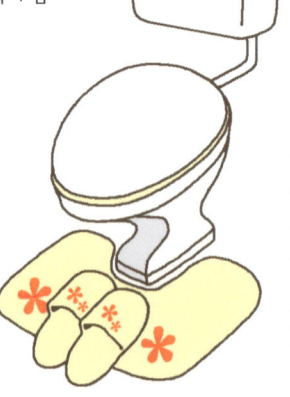

화장실 매트
화장실 매트와 타월, 슬리퍼는 빨간색이나 빨간색으로 포인트를 준 것을 추천합니다.

풍수 Tip — 콧노래도 효과가 있다!
라디오를 가지고 들어갈 수 없는 경우에는 콧노래를 부릅니다. 큰 효과를 기대할 수 있습니다.

마음이 편해지는 연애를 하고 싶을 때

욕실과 화장실이 남동쪽에 있다면 꽃을 꽂아두자

차분하게 연애할 수 있는 욕실

젊은 사람과 독신여성에게 좋은 욕실입니다. 애인과 원만하고 산뜻한 연애를 할 수 있습니다. 단, 환기팬이 지저분하면 이웃에서 불평이 나오거나 좋지 않은 소문이 날 수 있으므로 주의합니다. 남동쪽에 있는 화장실은 다른 화장실보다 트러블은 적지만 악취에 주의해야 합니다.

욕실과 화장실이 남동쪽에 있는 사람에게 추천하는 행운의 아이템

꽃을 두자

남동쪽에 있는 욕실에는 꽃 풍수가 가장 효과가 좋습니다. 어떤 종류의 꽃이라도 상관없으므로 거르지 말고 항상 놓아둡니다. 좋지 않은 소문이 날 때는 욕실 밖에 작은 화분을 두면 소문이 없어집니다.

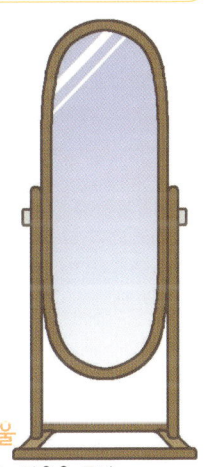

전신을 비추는 거울

세면대에 전신을 비추는 거울을 둡니다. 다이어트를 잘할 수 있게 됩니다.

꽃무늬 타월

꽃무늬 욕실제품이 연애와 결혼에 관한 고민에 효과적입니다. 목욕타월 등은 쉽게 구할 수 있으므로 구비해두면 좋습니다. 색은 연하고 밝은 것이 좋습니다(대길).

남동쪽에 짙은 색은 피하자

남동쪽에 있는 화장실에는 되도록 짙은 색은 사용하지 않도록 합니다. 물론 검은색도 안 됩니다! 특히 잘 붓는 사람은 더욱 주의해야 합니다.

또 별일 아닌 일로 싸웠다

욕실과 화장실이 남쪽에 있다면 식물과 녹색을 이용하여 꾸미자

사소한 일에서 큰 싸움으로 번진다

대량의 물을 싫어하는 남쪽에 욕실이 있으면 애인과 사소한 일로 싸우는 일이 많아집니다. 입욕 중에 남자친구와 이별을 결심하는 경우도 있습니다. 입욕 후 물은 반드시 흘려보내고, 수도꼭지와 샤워기의 금속 부분은 항상 깨끗하게 닦아둡니다. 남쪽에 화장실이 있는 경우에는 고혈압과 눈, 코, 귀의 트러블이 생길 수 있으니 주의하세요!

욕실과 화장실이 남쪽에 있는 사람에게 추천하는 행운의 아이템

소금을 담아둘 때도 한 쌍으로 두면 효과가 좋다!

화장실 풍수에도 남쪽에서만의 포인트가 있습니다. 관엽식물은 2개, 소금도 두 접시에 담아둡니다. 하나만 둘 때보다 남쪽의 힘이 한층 상승합니다.

남쪽 나라에서 볼 수 있는 식물

따뜻한 나라의 분위기가 나는 식물을 둡니다. 자주 싸우는 커플에게는 안정감을 줍니다.

녹색 타월

욕실 내에 식물을 둘 수 없는 경우에는 녹색 욕실제품으로 통일시킵니다.

녹색 욕실 매트

욕실 매트는 남쪽과 궁합이 잘 맞는 녹색으로 구비합니다. 그 밖에 남쪽과 궁합이 잘 맞는 색은 흰색과 아이보리색 등입니다.

최근에는 왠지 남자친구와 있어도 즐겁지 않다

욕실과 화장실이 남서쪽에 있다면 청결하게 유지하는 것이 중요하다

애인과 불화가 생기기도 하고 몸 상태가 안 좋아진다

권태기인 커플은 여성의 감정이 잘 식어버리는 경향이 있습니다. 건강 면에서도 트러블이 생기기 쉬우므로 습기가 차지 않도록 주의하고, 소금도 담아둡니다. 남서쪽에 있는 화장실은 불면증을 일으키거나 위장과 심장에 악영향을 미칩니다. 인테리어에 따라 기분이 산뜻하지 않은 경우도 있습니다.

욕실과 화장실이 남서쪽에 있는 사람에게 추천하는 행운의 아이템

화분

둘 장소만 있다면 될 수 있는 한 많은 식물을 둡니다. 흙으로 만든 화분이 가장 좋습니다. 활력이 생깁니다.

황갈색, 노란색 욕실제품

통풍이 잘 되지 않는 욕실에는 황갈색, 노란색의 욕실제품을 구비하는 것을 추천합니다.

 **화장실의 먼지, 냄새**

변기가 더러워졌거나 이상한 냄새가 나면 위장의 상태가 나빠집니다. 남서쪽은 먼지를 싫어하는 속귀문입니다. 화장실은 항상 깨끗한 상태를 유지해주세요.

관엽식물과 소금을 담아두자

화장실에는 화분에 심은 관엽식물을 두고, 소금을 담아두면 방위의 힘이 떨어지는 것을 방지할 수 있습니다.

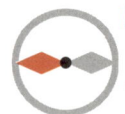
바람기가 있는 내가 싫다

욕실과 화장실이 서쪽에 있다면 인테리어를 화려하게 하자

여성의 바람기가 걱정되는 욕실이다

서쪽에 있는 욕실은 여성을 바람과 불륜으로 이끕니다. 환기를 제대로 하고 석양을 차단하여 흉작용을 억제시킵니다. 인테리어는 화사하게 꾸미는 것이 포인트입니다. 집 안에서 끼를 발산할 수 있기 때문에 바람기를 억제시킬 수 있습니다. 서쪽에 있는 화장실은 금전적인 고민과 연애에 관한 고민으로 노이로제에 걸릴 수 있습니다. 치아와 소화기계에 문제가 생길 수 있으므로 주의해야 합니다.

욕실과 화장실이 서쪽에 있는 사람에게 추천하는 행운의 아이템

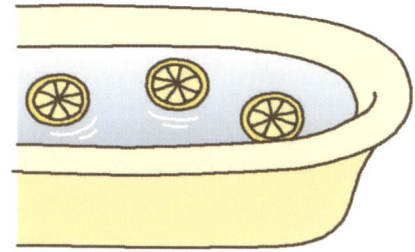

감귤향 입욕제
서쪽에 있는 욕실에서는 방위와 궁합이 잘 맞는 노란색 과일향이 나는 입욕제를 사용하는 것이 좋습니다. 레몬과 오렌지 등의 향기가 좋습니다(대길).

크림색 타월
타월과 욕실제품은 크림색, 흰색, 노란색, 핑크색 등 행운색으로 갖춰둡니다.

수도꼭지는 반짝반짝하게!

 **화장실에 책을 가져가도 되나요?**

화장실에 청소도구와 책을 놓아두는 것은 모든 방위에서 해서는 안 될 행동입니다. 특히 서쪽에서는 치통이 생길 수 있습니다. 화장실에는 필요한 최소한의 물건만 둡니다!

바람기가 많은 자신을 변화시키고 싶다면 수도꼭지는 항상 깨끗하게 닦아둡니다. 이것으로 안정된 연애를 할 수 있을 것입니다!

왠지 남자친구로 항상 이상한 남자만 만난다

욕실과 화장실이 북서쪽에 있다면 인테리어를 안정되고 고급스럽게 꾸미자

항상 이상한 남자와 사귀게 됩니다

정말 중요한 순간에 의지할 수 없거나 싸우면 '이때다!' 하고 도망가는 애인이 있는 사람이 많습니다. 또, 인테리어에 문제가 있으면 섹스리스가 될 수도 있습니다. 북서쪽에 있는 화장실에서 걱정이 되는 것은 변비입니다. 호화로운 분위기로 만들면 운기를 보충할 수 있습니다.

욕실과 화장실이 북서쪽에 있는 사람에게 추천하는 행운의 아이템

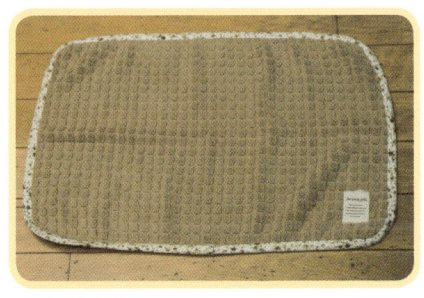

갈색 욕실매트

욕실제품은 북서쪽과 궁합이 잘 맞는 색으로 통일합니다. 녹색 계열, 베이지색 계열이 좋습니다(대길). 짙은 갈색 계열의 색이나 금색 물건도 좋습니다.

둥글고 흰 촛불

북서쪽과 궁합이 잘 맞는 둥글고 흰 촛불을 장식해두는 것을 추천합니다.

편백나무로 된 소품

욕실에도 나무로 된 소품을 두어 운기를 상승시킬 수 있습니다. 편백나무로 만든 소품, 편백나무 향이 나는 입욕제 등이 좋습니다.

어질러져 있지는 않습니까?

북서쪽에 있는 화장실은 호화로운 분위기가 좋습니다. 이때 물건을 어지럽게 장식하여 저렴한 분위기로 만드는 것은 피합니다.

당신의 고민을 방 배치로 해결하자!

운기별 풍수 방 배치 Q&A
~애정운편~

Question

연애다운 연애를 해보지 못한 채 30대를 눈앞에 두고 있습니다. 현재 살고 있는 방이 계약만료가 되어 이사할 계획인데, 애정운에는 어떤 방이 좋은가요?

Answer

그런 당신에게 추천하는 방 배치는 이것!!

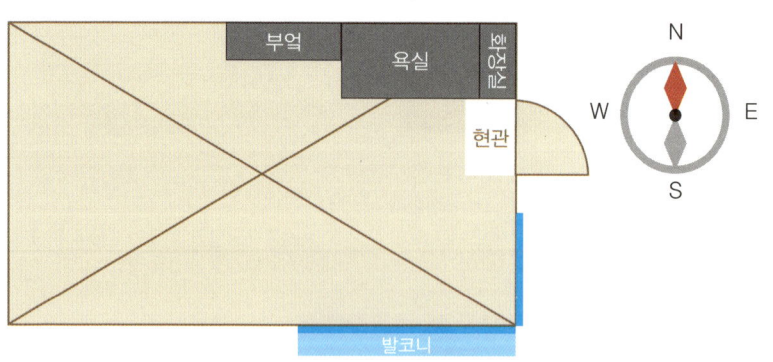

연애에 중요한 것은 남동쪽

애정운을 불러들이려면 연애를 의미하는 남동쪽을 중요하게 여겨야 합니다. 이 방위에 창문이 있고, 애정운을 불러들일 수 있는 방을 선택하면 좋을 것입니다. 반대로 물을 사용하는 곳, 흠이 있는 방 등은 절대 선택하지 마세요. 북서쪽에 욕실이 있는 여성은 혼자 사는 것을 선택하기 쉬우므로 결혼을 늦게 할 수 있습니다.

제 **3** 장

지금 당장 행복해지는

수납과
정리 풍수

방이 가진 본래의 힘을 살리려면 운기가 잘 흐르는 방으로 만드는 것이 중요합니다. 수납과 정리로 방이 가진 본래의 힘을 끌어들입니다.

사업으로 성공하고 싶은 사람을 위한 거실과 침실 수납

사업운과 가정운을 상승시키는 거실과 침실 수납

일반적으로 방의 운기를 볼 때는 거실과 침실은 나눠서 생각합니다. 하지만 혼자 사는 경우 거실과 침실이 같은 공간에 있을 때가 많습니다. 2개의 방에 있어야 하는 것이 한 공간에 있어 짐은 많은데 수납할 공간은 한정되어 있습니다. 잘 보이도록 수납하는 방법도 있지만 운기의 흐름을 방해한다면 깨끗이 수납하더라도 아무런 의미가 없습니다. 물건의 양을 줄이고 필요한 것만 수납해야 합니다.

우선, 서랍과 방의 구석구석까지 멀리 바라보아 사용하지 않는 물건과 필요하지 않은 물건을 버리는 것부터 시작합니다.

거실과 침실 수납의 포인트

1 좋은 향이 나는 물건을 두자
풍수에서 향은 아주 중요합니다. 방의 운기와 맞는 향이 나도록 합니다.

2 필요한 물건만 두자
어질러진 방은 운기의 흐름이 나빠집니다. 필요 없는 물건은 버립니다.

3 수납공간을 정해놓자
각각의 물건에 수납공간을 정해놓고, 사용할 때마다 정리하는 습관을 가집니다.

4 관엽식물과 꽃을 두자
관엽식물, 꽃은 풍수에서 아주 좋은 아이템이므로 놓아두는 것만으로도 행운을 부릅니다.

사업운을 감소시키는 거실과 침실 수납법

다 읽은 잡지와 신문을 바닥에 쌓아두었다

바닥은 잡지와 신문을 쌓아두는 장소가 아닙니다. 잡지는 풍수상 유행을 담당하는 물건입니다. 오래된 정보를 계속 가지고 있으면 유행에 뒤쳐지기만 합니다.

쓰레기통에 쓰레기가 가득 차 있다

풍수에서 쓰레기통은 액막이 도구입니다. 쓰레기가 가득 차 있으면 액이 방 안으로 흘러들어오게 됩니다. 깔끔하게 두어야 합니다.

철 지난 물건을 꺼내놓았다

선풍기와 전기난로 등 한정된 계절에만 사용하는 물건은 계절이 지나고 바로 넣어두지 않으면 계절감이 없는 방이 됩니다.

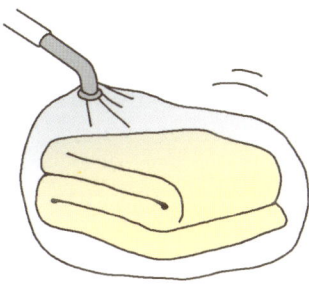

이불을 압축하여 서랍에 수납했다

청소기는 먼지를 흡수하는 물건입니다. 이불에 달라붙어 있는 좋은 기도 흡수하므로 이불은 맑은 날에 말려서 푹신푹신한 상태로 넣어둡니다.

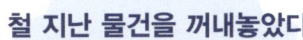

풍 수 실 례 행 복 보 고 서

장미꽃으로 남자친구와 관계를 회복했습니다

파란색이 '전산'을 의미하는 줄 모르고 남자친구와 찍은 사진을 파란색 액자에 끼워두었더니 관계가 점점 불안정해졌습니다. 다시 잘 될 수 있도록 핑크색 장미꽃을 옆에 한 송이 놓아둔 다음날, 남자친구와 이별 이야기를 하게 되었습니다. 곰곰이 시간을 두고 서로 생각한 뒤 다시 이야기해보고 계속 사귀게 되었는데, 그 다음날 아침에 장미꽃이 시들어있는 것을 보고 깜짝 놀랐습니다! 분명 장미꽃이 제게 힘을 주었다고 생각합니다. 남자친구와는 아직도 좋은 관계를 지속하고 있습니다.

거실·침실편
사업운·가정운이 상승하는
아이템·가구별 수납법

• • • • • • • • • • • 아이템편 • • • • • • • • • • •

컴퓨터
사업운과 정보운을 담당하므로 꺼내둔 것만으로 좋습니다. 단, 먼지가 쌓이지 않도록 주의하고, 옆에 소금을 담아둡니다.

CD/DVD
문이 달린 전용 선반에 수납합시다. 시원한 장소를 좋아하므로 햇빛이 그다지 들어오지 않는 북쪽에 수납합니다.

리모컨
같이 두거나 따로 두어도 상관없지만 수납공간을 정해두어 사용할 때마다 찾는 일이 없도록 합니다.

안경
사용 후에는 깔끔하게 안경 케이스에 넣어둡니다. 한 쌍으로 되어 있는 것은 재능운을 상승시켜 줍니다. 침대 사이드 테이블에 두어도 좋습니다(대길).

액세서리
깨끗한 천으로 닦아 전용 상자에 넣어둡니다. 반지는 머리맡에 두면 반지 안으로 행운이 들어가 반지도, 사람도 행복해질 수 있습니다.

편지
이상한 기분이 드는 것은 버립니다. 소중한 것은 '비밀'이라는 의미인 북쪽에, 북쪽과 궁합이 잘 맞는 색의 상자에 넣어둡니다.

가구편

행거

행거는 본래 의류의 일시적인 휴식장소이지만, 옷장 대신 옷을 쭉 걸어두고 사용하는 경우에는 그 해의 행운색 천으로 덮어둡니다.

텔레비전 받침대

동쪽에서 남쪽까지 방위에 소리가 나는 것을 놓아두면 정보운이 좋아집니다. 목제 물건은 특히 힘을 강하게 해주므로 좋습니다.

침대 사이드 테이블

풍수에서는 자고 있는 동안에 머리로 행운이 축적된다고 생각하기 때문에 십지 장식품, 향수, 표지에 금색으로 포인트를 준 일기 등 행운의 아이템을 둡니다.

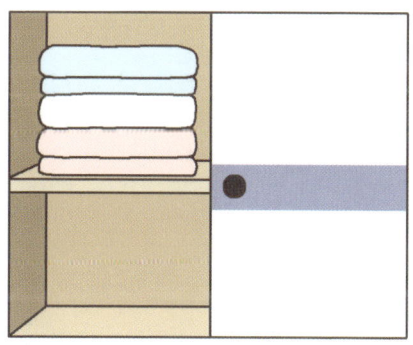

옷장

이불만 수납하는 장소이지만 이불 이외의 것을 수납할 때는 방위의 행운색 상자에 담아두거나 천으로 덮어두는 등 색의 힘을 살려 수납합니다.

행복하고 싶은 사람을 위한 현관 수납 기술

[현관편]

▌산뜻한 현관은 전체운을 좋게 만든다

행운은 사람과 마찬가지로 현관을 통해 집 안으로 들어옵니다. 현관은 그 집의 전체운을 담당하는 장소이기도 하기 때문에 특히 깨끗이 청소해두는 것이 가장 중요합니다.

행운은 밝고 깨끗하고 산뜻한 현관으로 많이 들어옵니다. 반대로 물건이 정신없이 어질러져 있는 어두운 현관으로는 들어오지 않습니다. 또 현관은 밖에서 가지고 온 액을 제일 먼저 털어내는 곳이기도 합니다.

현관의 효과를 최대한으로 살리기 위해서는 필요 없는 물건을 두지 않도록 유의하고, 넓게 사용할 수 있도록 공간을 확보할 필요가 있습니다

현관 수납의 포인트

1 종류별로 정리하자

신발장에 신발을 넣을 때는 종류별로 선반을 나누어 정리합니다. 또, 겨울 신발은 아래, 여름 신발은 위에 수납하는 것이 좋습니다.

2 신발은 닦아서 수납하자

하루 동안 신은 신발은 먼지와 함께 액도 달라붙어 있습니다. 잘 닦아서 수납하면 액을 털어버릴 수 있습니다.

3 현관에는 신발을 두 켤레만 두자

항상 두어도 괜찮은 신발의 수는 사람 수 + 한 켤레입니다. 그 밖의 신발은 불필요 하므로 신발장에 넣어둡니다.

4 바닥을 깨끗하게 닦자

행복은 깨끗한 현관을 좋아합니다. 바닥을 매일 닦아 항상 반짝거리는 상태로 유지합니다.

 ## 행복이 도망가는 현관 수납법

문 정면에 거울이 있다

현관 정면에 거울이 있으면 모처럼 들어온 행운이 되돌아가 버립니다. 거울 면에 먼지가 붙어있는 경우에도 행운을 놓칠 수 있으므로 주의합니다.

필요 이상의 신발이 나와 있다

바닥에 꺼내두어도 좋은 신발의 수는 그 집에 살고 있는 사람의 수 + 한 켤레입니다. 그 이상의 구두는 깨끗하게 닦아 신발장에 넣어둡니다. 잠시 외출할 때 신는 신발이라고 꺼내두는 것은 좋지 않습니다.

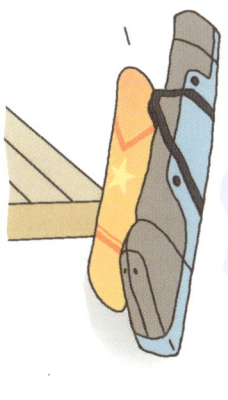

레저용품이 꺼내져 있다

겨울 스포츠용품 등 큰 레저용품은 둘 곳이 없어 현관에 두는 경우가 많은데, 창고가 본래의 수납 공간입니다. 현관 이외의 둘 장소가 없는 경우에는 최대한 부피를 조금 차지하게 정리하여 방해가 되지 않도록 합니다.

풍 수 실 례 행 복 보 고 서

현관청소로 남자친구의 사업운 UP!

남자친구 집 현관이 아주 더러워 제가 매일 물청소하고, 좁은 현관이지만 작은 관엽식물을 두었습니다.
한 달 후 이제야 깨끗해졌다고 느꼈을 때, 남자친구가 이직하여 드디어 연수입이 3배로 늘어났습니다! 설마 이렇게 빨리 효과가 나올지는 몰랐습니다. 거짓말 같은 이야기지만 저도 깜짝 놀랐습니다.

현관편 **전체운**이 상승하는 아이템 · 가구별 수납법

• • • • • • • • • • • 아 이 템 편 • • • • • • • • • • •

계절이 지난 신발
계절이 지나 신을 기회가 줄어든 신발은 깨끗이 닦아서 흰색 상자에 넣어 수납합니다.

구둣주걱
가늘고 긴 아이템은 풍수에서 가장 좋습니다. 잘 보이는 곳에 매달아둡니다. 고급스러운 것일수록 좋습니다.

슬리퍼
현관 옆과 현관매트 위에 올려놓은 것은 안 됩니다. 슬리퍼걸이에 세워두거나 등나무 바구니에 넣어 천으로 덮어서 보관합니다.

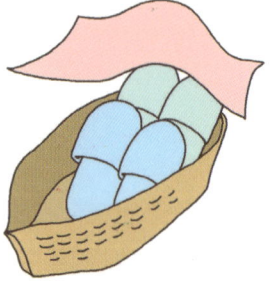

꽃 · 장식품
현관은 집의 첫인상을 결정합니다. 고급스러운 물건과 꽃으로 장식하면 현관의 인상이 화사해보이므로 좋습니다(대길). 단, 인형은 안 됩니다.

거울
문의 정면 외의 장소에 둔다면 행운의 아이템입니다. 현관에 들어왔을 때 거울이 왼쪽에 걸려있으면 금전운, 오른쪽에 걸려있으면 인간관계운이 상승합니다.

열쇠 · 인감
현관에 수납하는 것 자체는 나쁘지 않지만 보이지 않도록 뚜껑이 있는 수납 케이스에 넣어둡니다. 팔각형 케이스가 좋습니다.

가구편

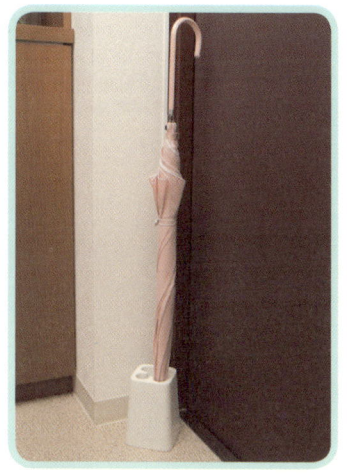

우산꽂이
실내에 둔다면 일주일에 한 번은 밖에 내놓는 것이 좋습니다. 그렇지 않으면 습기가 차게 되어 운이 나빠집니다. 소재는 도자기로 만든 것이나 물이 잘 빠지는 것이 좋습니다(대길).

신발장
목제이고 위에 물건을 놓을 수 있는 카운터 타입이 좋습니다. 현관에 맞는 크기로 고르세요.

슬리퍼걸이
현관이 좁은 경우에는 무리해서 놓지 않아도 됩니다. 손님용으로 두 켤레 이상 걸어두면 만남운이 좋아집니다.

옷걸이
손님이 많이 찾아오는 집으로 만들고 싶은 경우에는 사람이 그리워지는 색인 흰색, 검은색, 라벤더색 아이템을 걸어두면 좋습니다(대길).

돈이 모이지 않는 사람은 부엌 수납으로 해결하자!

부엌 수납으로 금전운 UP!

조리도구 중에는 컬러풀하고 화려한 것이 많아 잘 보이는 곳에 두고 싶어하지만 풍수에서는 보이는 곳에 두면 안 됩니다. 부엌에서 사용하는 조리도구는 청결이 가장 중요합니다. 보이는 곳에 두면 먼지가 쌓여 지저분해집니다. 싱크대나 가스레인지 아래 등 부엌의 수납공간을 활용합니다.

또, 부엌은 불과 물이 혼재하는 곳입니다. 어느 쪽의 힘이 강하면 피해를 입을지도 모르므로, 균형이 잘 맞게 수납해야 합니다. 아이템 각각의 풍수 수납법을 활용하여 금전운을 끌어들이세요.

부엌 수납의 포인트

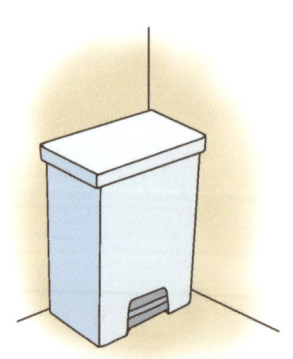

1. 싱크대와 가스레인지 아래에 수납할 때는 흰색 종이나 천을 깔자

물과 불의 힘이 강한 곳이기 때문에 흰 종이나 천을 깔아 힘을 저장합니다.

3. 쓰레기통은 작고 뚜껑이 있는 것으로 준비하자

쓰레기통은 작은 것을 사용하고, 꽉 차기 전에 버립니다.

2. 식기 선반에는 식기만 수납하자

식기 선반에 식품을 넣어두는 사람이 있는데, 절대 해서는 안 됩니다. 또, 고급스러운 식기는 포개어 놓지 않는 것이 좋습니다(대길).

4. 서랍 속 등 보이지 않는 곳에 수납하자

부엌은 요리를 만드는 곳입니다. 청결을 가장 먼저 생각하고, 꾸미는 것은 두 번째로 생각합니다.

 ## 금전운이 달아나는 부엌 수납법

식기건조대에 수납하지 않는다

씻은 식기를 그대로 두면 주변 사람에게 나쁜 소문이 퍼질지도 모릅니다. 건조되면 바로 식기 선반에 넣어둡니다.

냉장고 문에 메모가 붙어 있다

풍수에서 문은 행운이 들어오는 입구입니다. 냉장고로 들어오려는 행운을 방해하므로 메모와 레시피 등을 붙여놓았다면 지금 당장 떼어냅니다.

가스레인지 아래에 쌀을 보관한다

쌀은 풍수상 가장 고귀한 식품입니다. 물과 불 근처에 두면 금전운을 소멸시키므로 가능한 한 멀리 떨어진 곳에 둡니다.

문이 없는 벽걸이 찬장

문이 없는 벽걸이 찬장은 풍수상 운기를 떨어뜨리기 쉽고, 건강운을 소멸시킬 수 있으므로 좋지 않습니다. 오픈되어 있는 찬장에 수납하는 경우에는 가볍고 잘 깨지지 않는 것을 둡니다.

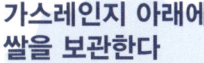

피부와 마음이 건강해졌습니다!

싱크대 배수구가 지저분한 것이 계속 마음에 걸려 새로운 마음으로 깨끗이 청소했습니다. 그 당시 피부 상태가 그다지 좋지 않았는데 배수구가 깨끗해진 것과 동시에 피부 상태도 아주 좋아지고 깨끗해져 기분이 아주 좋아졌습니다. 풍수 덕분에 몸과 마음이 새롭게 태어날 수 있었습니다.

 ## 금전운이 상승하는 아이템 · 가구별 수납법

아이템편

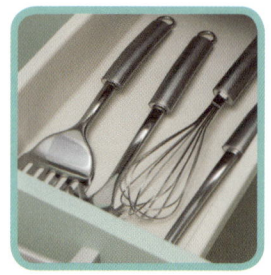

조리도구
식칼과 같이 보이는 곳에 수납하는 것은 안 됩니다. 서랍에 눕혀둡니다. 부엌의 행운색이라면 더욱 좋습니다(대길).

식칼
꺼내두면 금전적인 고민과 상처가 생길 수 있으므로 좋지 않습니다. 식칼꽂이에 꽂아 수납합니다.

수저, 포크, 나이프
금속제품은 꺼내두면 인간관계운에 악영향을 미칩니다. 눕혀둔 것만으로도 안정되므로 서랍 속에 분류하여 넣어둡니다.

주류
오락 방위인 서쪽에 두면 술에 빠질 수 있으므로 주의합니다. 전통주는 흉작용을 없애는 효과가 있으므로 소량을 북쪽에 두면 좋습니다(대길).

쌀
어둡고 시원한 장소를 좋아하므로 쌀 전용 저장고 등에 옮겨 넣어둡니다. 물과 불 가까이에 두지 마세요.

냄비 · 프라이팬
자주 사용하더라도 꺼내두는 것은 안 됩니다. 또, 어질러져 있는 것도 좋지 않으므로 사용하는 양만 깔끔하게 수납해둡니다.

가구편

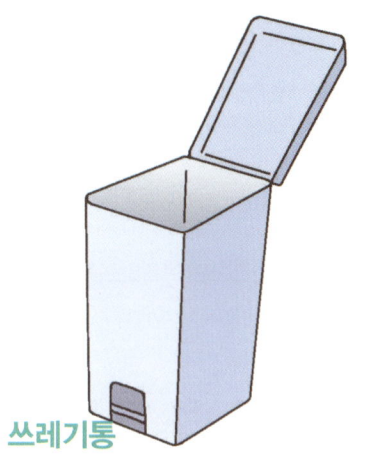

쓰레기통

부엌은 청결하게 유지하는 것이 가장 중요합니다. 음식물 쓰레기 등 악취가 나는 것은 기가 원만하게 흐르지 않도록 만드므로, 쌓아두지 말고 다 차기 전에 버리는 것이 중요합니다. 뚜껑이 있는 쓰레기통을 사용하여 부엌에 악취가 나지 않도록 합니다.

냉장고

너무 많이 넣어두면 행운이 들어올 공간이 없어집니다. 필요한 만큼만 깔끔하게 넣어둡시다. 냉장고를 서쪽에 둔 경우에는 더욱 주의합니다. 석양은 음식을 부패시키는 힘이 있으므로 확실하게 차단합니다.

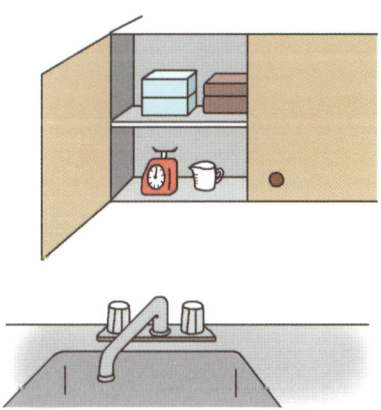

벽걸이 찬장

여성에게 높은 위치에 있다고 해서 사용하지 않는 것만 두는 수납장소가 되지 않도록 주의합니다. 또, 위험하므로 무거운 것을 수납하지 말고, 상단에 밝은 색, 하단으로 갈수록 점점 짙은 색이 되게 수납하는 것이 좋습니다.

식기 선반

동쪽과 남쪽에 두면 태양의 힘을 받아 식기가 건강하고 의욕이 생기게 합니다. 서쪽과 북쪽에 둘 수밖에 없는 경우에는 크리스털 물건과 유리 물건을 두면 같은 효과를 발휘합니다.

 # 이상적인 연애와 건강을 손에 넣는 욕실과 화장실 수납

어느 방위에서든 흉상이므로 확실하게 대처하자

대량의 물과 오물의 영향으로 어느 방위든 쉽게 지저분해지므로 운기는 아주 불안정합니다. 어느 방위든 흉상이 되는 장소이기 때문에 항상 깨끗이 청소하여 흉작용이 일어나지 않도록 해야 합니다.

환기 · 정리정돈 · 청소에 유의하고, 창문이 없는 경우에는 환기팬 등을 사용하여 대처합니다. 욕실과 화장실이 붙어있는 경우에는 화장실과 욕실 사이에 칸막이를 설치하지 않으면 운기가 서로 섞여 악영향을 미칠 수 있으므로 샤워 커튼을 달아둡니다. 샤워 커튼의 색은 핑크색 등 애정운에 좋은 색으로 하는 것이 좋습니다.

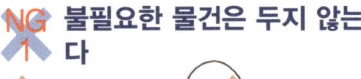

NG 1 불필요한 물건은 두지 않는다

물건이 정신없이 어질러져 있는 것은 좋지 않습니다. 기본적으로 아무것도 두지 마세요.

NG 2 지저분한 타월을 계속 사용하고 있다

청결이 무엇보다도 가장 중요합니다. 타월은 깨끗한 것과 새 것을 사용합니다.

1 욕실 청소도구는 도구함에 넣어두자

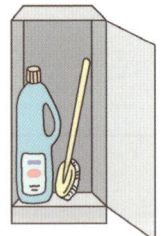

청소도구를 꺼내 두는 것은 풍수적으로 좋지 않습니다. 다른 장소에 도구함을 만들어 둡니다.

2 둘 장소를 정해놓고 아이템별로 수납하자

샴푸, 린스, 비누 등은 장소를 정해놓고 정리정돈 합니다.

애정운·건강운이 상승하는 아이템·가구별 수납법

샴푸
크기가 큰 것은 인간관계가 나빠질 수 있으므로 작은 통에 넣어둡니다.

목욕 타월
깔끔하게 접어서 사용할 만큼만 선반 등에 수납해 둡니다.

욕실 청소도구
수납장소가 없는 경우에는 관엽식물 뒤에 숨겨놓습니다.

세면대
칫솔, 클렌징품과 같은 최소한의 물건만 둡니다.

드라이어
꺼내두는 것은 좋지 않습니다. 바구니 등에 넣어 선반에 담아둡니다.

풍수실례 행복보고서

예상 외의 현금 수입에 놀랐습니다!

금전운과 애정운이 없이 침울해져 있있던 시기에 무심코 욕실의 분위기가 이상하다고 느껴져서 타일부터 욕조, 천정, 바닥까지 깨끗하게 닦았습니다. 남동쪽이었기 때문에 핑크색과 녹색의 소품도 놓고, 핑크색의 예쁜 조화도 놓아두었습니다. 그러자 다음날 예상하지 못한 곳에서 현금 수입이 생기고, 일주일 내로 남자친구에게서 연락이 왔습니다. 풍수의 효과를 실감했습니다.

의류편 — 항상 **행복**하게 지내고 싶은 사람을 위한 의류 수납법

좋은 기, 나쁜 기도 흡수하는 의류

의류는 피부에 직접 닿는 것이므로 자기 자신의 운기 영향을 받기 쉬운 아이템입니다. 수납법을 확실하게 익혀 항상 좋은 기가 흐르는 상태를 유지합니다.

바깥에는 좋은 운기뿐만 아니라 나쁜 운기도 있고, 옷은 둘 다 흡수하여 방으로 들어옵니다. 우선, 외출한 곳에서 흡수해온 나쁜 운기를 털어내야 합니다. 나쁜 운기를 털어내고 나서 각각의 아이템에 적합한 수납법을 실천하여 옷의 운기를 회복시킵니다.

옷 가게처럼 깔끔하게 갠 상태로 수납하는 것이 좋습니다.

◆ 의류 수납의 포인트 ◆

 색과 길이를 맞춰 수납하자

긴 것부터 짧은 것, 밝은색부터 짙은 색 순으로 정리하면 깔끔하게 수납할 수 있습니다.

 코트와 모자를 쉽게 하자

사람과 같이 옷도 지칩니다. 옷걸이에 잠시 걸어놓은 뒤에 수납합니다.

3 아이템별로 정리하자

티셔츠와 셔츠, 바지와 속옷을 확실하게 분류하여 깔끔하게 수납합니다.

 목제로 된 수납가구가 좋다

내츄럴한 소재의 수납가구에 옷을 넣어두면 옷에 좋은 기가 달라붙습니다.

 ## 좋은 기가 쌓이지 않는 의류 수납법

옷장 대신 행거에 수납한다
옷장 대신 사용한다면 그해의 행운색 천으로 덮어둡니다.

남동쪽에 벨트를 둥글게 말아 수납한다
남동쪽에 가늘고 긴 것은 행운의 아이템이므로 둥글게 말지 말고, 그대로 수납합니다.

어디에 무엇이 있는지 모른다
어지럽게 수납하는 것은 금지. 자기만의 법칙이라도 좋으므로 깔끔하게 수납합니다.

계절별로 옷을 교체하지 않는다
계절이 지났는데도 옷을 그대로 놓아두면 타이밍운이 나빠집니다.

풍수 실제 행복 보고서

풍수로 새로운 사랑 예감
안 입는 옷과 오래된 옷, 옛날 남자친구에게 받은 옷을 처분했습니다. 그러자 지금까지 인사만 하던 남성과 단둘이서 이야기할 기회가 생기고, 지금은 아주 사이가 좋아졌습니다. 그리고 지금까지 사이가 그다지 좋지 않았던 남자친구와 급격하게 사이가 좋아졌습니다. 풍수를 실천한 그날부터 효과가 있어 깜짝 놀랐습니다.

 **의류편** 좋은 **기**가 달라붙는 아이템·가구별 수납법

아이템편

옷
옷은 아주 운이 좋은 아이템입니다. 서랍장에 수납하는 것이 좋지만 없는 경우에는 옷장도 좋으므로 구겨지지 않도록 잘 수납합니다.

코트
북쪽에 있는 벽장에 수납하는 것이 좋습니다(대길). 그렇게 하는 것이 힘들다면 벽장의 왼쪽에 수납합니다.

정장
평소에 입는 옷에 비해 고가인 정장과 관혼상제용 옷은 격을 떨어뜨리지 않기 위해 옷 커버를 씌어 잘 보관합니다.

벨트
남동쪽에 있는 벽장의 문 안쪽에 둥글게 말지 않고, 걸어두면 인간관계를 유지하는데 좋습니다. 남동쪽 이외의 방위라면 둥글게 말아도 됩니다(대길).

티셔츠
깔끔하게 접어 티셔츠만 넣어두는 선반을 만들어 서랍장에 넣어둡니다. 왼쪽부터 짙은 색 → 밝은색의 순으로 넣어두는 것이 좋습니다.

와이셔츠·블라우스
세탁해 다리미로 다린 후에 주름지지 않도록 행거에 걸어둡니다.

가방
직사광선을 피해 흰색 또는 라벤더색 봉투에 넣어 수납하면 좋습니다.

스카프·숄
둥글게 마는 것도, 개어놓는 것도 좋지만 주름이 생기지 않도록 수납하는 것이 중요합니다.

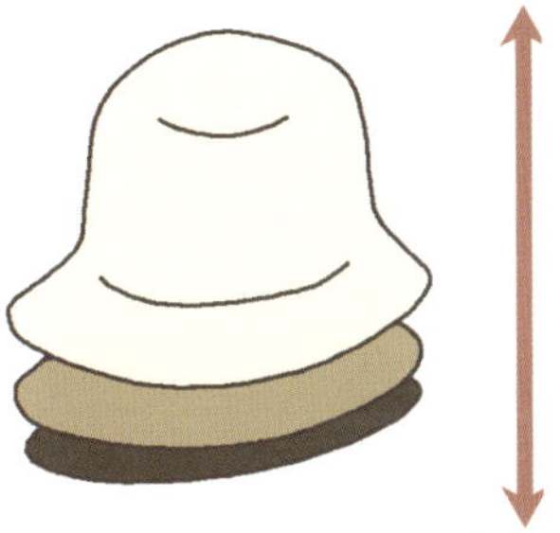

모자
모자 등 포개두는 경우에는 짙은 색이 아래로, 밝은색이 위로 가게 합니다.

밝은색 ↕ 짙은 색

가구편

옷장
오전에는 태양의 힘을 흡수할 수 있도록 문을 동쪽이나 남쪽을 향하게 배치합니다. 옷은 왼쪽으로 갈수록 짙은 색이 되도록 걸어둡니다. 왼쪽부터 비싼 옷을 거는 것이 좋습니다(대길).

수납장
반투명한 플라스틱 수납함을 사용하는 경우에는 벽장 속에 넣어두거나 행운색 천으로 덮어두어 속이 보이지 않도록 합니다.

당신의 고민을 방 배치로 해결하자!

운기별 풍수 방 배치 Q&A
~결혼운편~

Question
문득 주위를 돌아보니 친구들은 다 결혼하고, 저만 남았습니다. 연애 경험은 나름대로 있다고 생각하는데, 항상 결혼까지는 가지 못합니다. 결혼을 할 수 있는 방 배치가 있습니까?

Answer
그런 당신에게 추천하는 방 배치는 이것!!

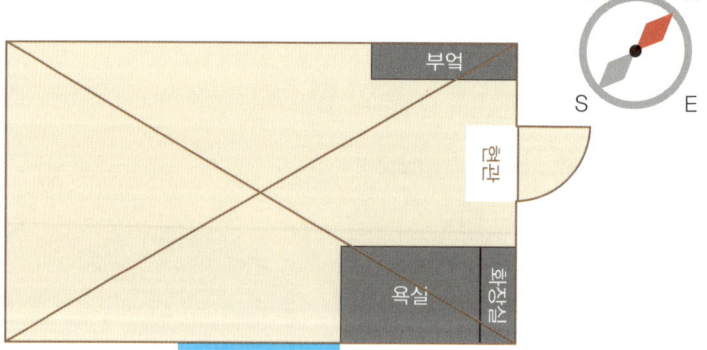

결혼에 중요한 방위는 남동쪽, 남서쪽, 서쪽

연애를 하지 못하면 결혼도 할 수 없으므로 남동쪽 방위도 중요하지만 결혼하기 위해 필요한 것은 안정과 가정운을 담당하는 남서쪽 방위입니다. 이 2가지 방위 중 어느 쪽에든 침실이 있으면 결혼하기 쉬워집니다. 단, 북서쪽 방위에 침실이 있어 북쪽으로 머리를 두고 자는 것은 좋지 않습니다. 늦게 결혼하고 눈도 높아지기 때문에 애정운이 그다지 좋지 않습니다.

제 **4** 장

행운을 부르는
현관 청소

현관은 항상 청결하게 유지하는 것이 가장 중요한 포인트입니다.
풍수에서 추천하는 개운 청소법을 소개합니다.

청소는 풍수의 기본
깨끗한 것이 운기를 향상시킨다

현관편

> 지저분한 현관은 나쁜 기를 부르고
> 좋은 기를 막는 원인

현관은 사람이 들어가는 장소임과 동시에 기가 들어가는 장소이기도 합니다. 현관은 사람의 입과 같습니다. 사람이 몸에 안 좋은 것을 먹으면 몸 전체의 이상이 생기듯 현관이 지저분하면 나쁜 기가 집 전체에 퍼지기 때문에 운기를 낮추는 원인이 됩니다.

또, 집에 들어올 때 가장 먼저 보게 되는 현관이 난잡하고 지저분하면 거주하는 사람이나 방문하는 사람에게도 좋지 않은 인상을 준다는 것에 유의합니다. 아무리 거실을 깨끗이 청소해도 현관이 지저분하면 상대방은 불편하다고 생각합니다. 편안한 느낌을 주는 집으로는 사람들이 자연스레 모입니다. 이것은 인맥을 만드는 데 큰 힘이 됩니다.

운기를 향상시켜 행운을 부르기 위해서는 양호한 인간관계를 쌓고, 기회를 얻기 위해서라도 현관을 꾸준히 청소하여 깨끗하게 유지하는 것이 중요합니다. 이 장에서는 현관에 도움이 되는 청소 방법을 소개합니다. 현관을 항상 청결하게 유지하여 행운을 불러옵니다.

행운을 부르는 청소 포인트

물걸레질로 운기를 모은다

물은 기를 모으는 역할을 하기 때문에 물빨래나 물걸레질을 하는 것은 좋습니다! 물걸레질을 하면 상쾌해지고 좋은 운기를 부릅니다. 또, 풍수에서는 인공적인 것보다 자연소재로 된 것을 좋아합니다. 대걸레와 스펀지 대신에 걸레와 수세미를 사용하고 세제도 시중에서 파는 중성세제 대신에 베이킹 소다와 식초를 사용합니다. 친환경 천연소재는 풍수적으로 매우 좋습니다.

NO | OK

대걸레	스펀지	중성세제	걸레	수세미	베이킹 소다

운기를 높이는 천연세제를 만들자!

1. 베이킹 소다

베이킹 소다는 천연 광물을 정제한 분말로 청소 외에 요리를 하거나 피부 관리에도 사용되는 좋은 재료입니다.
사용법은 분말 혹은 베이킹 소다물과 베이킹 소다 페이스트로 만들어 사용합니다. 베이킹 소다물은 물 500㎖에 베이킹 소다를 2큰술 넣은 뒤 섞어서 스프레이에 담아 사용합니다. 베이킹 소다 페이스트는 베이킹 소다와 물을 2:1의 비율로 만들어 지저분한 곳에 바릅니다.

2. 식초, 구연산

식초는 더러운 것을 제거하는 것 이외에 냄새 제거, 살균 효과도 있습니다. 슈퍼에서 파는 곡물 식초를 사용해도 좋습니다. 식초의 냄새가 거슬리는 사람은 구연산을 사용합니다.
사용법은 식초물, 구연산물을 만들어 스프레이로 사용합니다. 식초물은 식초와 물을 1:2~3 비율로 만들고, 구연산물은 물 500㎖에 구연산 1큰술 정도를 섞어서 만듭니다.

바닥, 문
개운청소 ❶

모래먼지와 진흙, 손때로 더러워지기 쉬운 바닥과 문은 자주 청소하여 항상 깨끗하게 유지합니다.

 바닥에 신발을 아무렇게나 벗어두지 않는다

밖에서 돌아왔을 때 바닥에 신발을 아무렇게나 벗어두지는 않았습니까? 어수선한 현관은 나쁜 기를 불러모으는 원인이 됩니다. 바닥에는 평소에 자주 신는 최소한의 신발만 꺼내놓고 그 밖에는 신발장에 꼭 넣어둡니다. 넣을 자리가 없을 때는 신발 상자에 넣어둡니다.

 신문지를 적셔 모래먼지를 쓸어내는 청소

바닥의 모래먼지는 매일 청소합니다. 신문지를 물에 적셔 잘게 찢어 그것을 바닥에 뿌리고 빗자루로 쓸어주세요. 젖은 신문지는 모래먼지를 흡수하기 때문에 쓸어도 먼지가 날리지 않는 매우 좋은 청소 방법입니다.

| 바닥 | **일주일에 한 번 바닥을 물청소한다** |

일주일에 한 번은 바닥을 물청소합니다. 바닥 전체에 베이킹 소다를 뿌려 수세미로 먼지를 문지릅니다. 물을 뿌려 씻어내고, 마른 걸레로 닦아주세요. 물을 뿌릴 수 없는 경우에는 구연산물을 스프레이로 뿌리고 마른 걸레로 닦아주세요.

| 문 | **손때가 묻기 쉬운 문손잡이도 깨끗하게 청소한다** |

문에 묻은 먼지에 베이킹 소다를 뿌립니다. 문 전체에 스프레이를 뿌린 다음 마른 걸레로 닦아냅니다. 문손잡이도 깨끗이 닦습니다. 먼지가 쌓이기 쉬운 문틀은 베이킹 소다 페이스트를 칫솔에 묻혀 문질러 닦고 젖은 걸레로 닦아주세요.

개운메모
향기가 나게 해 운기를 UP!

냄새가 잘 빠지지 않는 현관은 방향제나 아로마 오일을 사용해 향기가 나게 하면 운기가 상승합니다. 향기는 자기 취향에 맞게 고르는 것도 좋지만 너무 강한 향이 나는 것은 피합니다.

신발장
개운청소 ❷

신발장에는 냄새와 나쁜 기가 쌓이기 쉽습니다. 항상 정돈해두고 청결하게 유지해야 합니다.

신발장 | 신지 않는 신발은 버릴 것!

신발장에 망가지거나 몇 년 동안 신지 않은 신발이 들어있지는 않습니까? 오래된 것과 사용하지 않는 것은 음기를 불러들입니다. 2년 이상 신지 않는 신발은 필요 없으니 과감하게 버리세요.

신발장 | 잘 떨어지지 않는 먼지는 칫솔로 떼어낸다

신발장 바깥쪽은 베이킹 소다를 뿌려 헝겊으로 닦아내면 깨끗해집니다. 안쪽 먼지는 선반에 베이킹 소다를 뿌리고 칫솔로 문질러 떼어내 주세요. 물걸레로 베이킹 소다와 먼지를 닦아내면 흙도 깨끗이 떨어집니다.

거울 | 먼지 쌓인 거울은 NO! 항상 깨끗하게!

먼지가 쌓여 더러워진 거울은 운기를 없애는 원인이 되고 현관 전체를 칙칙하게 만듭니다. 항상 깨끗하게 닦습니다. 베이킹 소다물을 거울 전체에 뿌리고 물로 적신 헝겊으로 닦아주세요. 마지막에는 마른 걸레로 닦아 마무리합니다.

구둣주걱 | 손님도 사용하는 구둣주걱인 만큼 청결하게!

구둣주걱은 가족뿐만 아니라 집에 오는 손님도 사용하기 때문에 항상 깨끗하고 청결하게 유지합니다. 베이킹 소다물을 구둣주걱에 골고루 뿌려 마른 수건으로 닦아내면 됩니다. 반짝반짝 빛나는 구둣주걱을 손님이 기분 좋게 사용할 수 있도록 합니다.

개운메모 — 신발에 곰팡이가 피지 않게 하는 방법

오랜 만에 신발장에서 신발을 꺼냈더니 곰팡이가 피어있진 않았나요? 곰팡이가 피지 않게 하려면 신발장 아래에 베이킹 소다를 뿌리고 구두를 넣습니다.

현관 밖
개운청소 ❸

집에 손님이 방문할 때 가장 먼저 보게 되는 현관. 특히 현관 주위는 항상 깨끗이 청소해두는 것이 좋습니다.

문패 집의 얼굴과도 같은 문패, 먼지 낀 문패는 악운을 부른다

문패 전체에 베이킹 소다물을 뿌려 청소해주세요. 좁은 홈에 낀 먼지는 베이킹 소다물을 적신 면봉으로 제거합니다. 마지막까지 닦아 마무리합니다. 문패 위에는 먼지가 쌓이기 쉬우므로 이곳도 잊지 말고 청소해주세요.

인터폰 많은 사람이 만지기 때문에 항상 청결하게!

택배 직원 등 매일 많은 사람이 만지는 인터폰은 금세 더러워집니다. 베이킹 소다물로 먼지를 제거하고 홈은 베이킹 소다물을 적신 면봉으로 먼지를 제거하세요. 또, 식초물을 뿌려 마른 걸레로 닦으면 윤이 납니다.

현관입구 | 현관입구와 공동으로 사용하는 복도도 깨끗하게 청소한다

단독주택은 문에서 현관까지의 현관입구, 아파트는 공동으로 사용하는 복도를 청소합니다. 베이킹 소다물을 뿌리고 브러시로 문질러 마지막에는 물로 헹굽니다. 물청소를 할 수 없는 공동으로 사용하는 복도는 차 찌꺼기를 뿌려 쓸어냅니다.

현관매트 | 물로 닦아 먼지 제거!

외부용 현관 매트는 먼지와 쓰레기 등으로 꽤 더럽습니다. 일주일에 한 번은 물로 닦습니다. 베이킹 소다를 매트에 뿌려 수세미로 쓱쓱 닦아 물로 헹구세요. 집 안에 깔려 있는 매트도 똑같은 방법으로 화장실에서 닦습니다.

개운메모 — 청소는 맑은 날에 하는 것이 길(吉)

청소는 풍수의 기본입니다. 좋은 운기를 부르는 물청소는 맑은 날에 하는 것이 제일입니다. 일주일에 한 번은 물청소로 집 안을 깨끗하게 합시다.

수납
개운청소 ❹

청소를 해도 물건이 넘쳐 있는 현관은 금지! 깔끔하게 수납하고 항상 정돈해둡니다.

 우산 — 사용하지 않는 우산은 버린다

우산꽂이에 우산살이 부러진 우산이나 망가지고 더러워진 우산이 꽂혀있지는 않나요?

사용하지 않는 우산을 그대로 두는 것은 운기를 낮추는 원인이 되므로 버립니다. 우산꽂이에는 가족이 사용하는 우산만 꽂아 둡니다.

 **우산꽂이** — 원형 우산꽂이는 운기를 향상시켜준다

비에 젖은 우산에서 발생하는 음기를 막기 위해 각진 우산꽂이는 피해야 합니다. 개운을 향상시키는 데는 원형 우산꽂이를 사용하는 것이 효과적입니다. 색깔은 갈색으로 하고 소재는 플라스틱제가 아닌 목제 또는 도자기로 된 것을 사용합니다.

겹쳐두지 말고 세워서 수납하자

지저분한 것을 사용하는 것은 운기를 낮추는 원인이 됩니다. 밑창이 더러워진 슬리퍼를 겹쳐두면 위생적으로도, 풍수적으로도 좋지 않습니다. 슬리퍼는 겹쳐두지 말고 슬리퍼걸이에 세워서 수납합니다. 물론 밑창의 먼지를 꾸준히 닦는 것도 잊지 마세요.

현관에 물건을 두지 말고 깔끔하게 수납하자

골프 가방과 박스 등 현관에 쓸데없는 물건을 두면 좋은 운기가 들어오는 것을 막아버립니다. 개운을 위해서라도 현관은 항상 깨끗하게 해두고 짐은 깔끔하게 수납해 둡시다.

> **개운메모**
>
> **평소에 신는 구두는 왼쪽, 부츠는 오른쪽에 수납**
>
> 신발장 안도 깔끔하게 정리해야 합니다. 크기가 제각각이라 수납하기 어려운 경우에는 자주 신는 신발은 신발장 왼쪽, 자리를 차지하는 부츠는 오른쪽에 둡시다.

현관 풍수 기본 상식으로 전체운, 금전운, 애정운 등을 향상시키자!

 풍수 인테리어 적용을 위한 Q & A
~현관 풍수 기본편~

 다음 중 풍수적으로 좋은 청소 도구는?

❶ 한 번 밀면 깨끗해지는 마법의 청소용 대걸레

❷ 옛날부터 쭉 사용한 대표적인 청소 도구인 걸레와 수세미

❸ 중성세제를 물에 희석해서 사용

풍수에서는 인공적인 것보다 천연소재로 만든 청소 도구를 사용합니다. 물은 기를 모아주는 역할을 하기 때문에 물걸레질을 하면 운기가 향상됩니다.

정답 ❷

 다음 중 친환경 청소를 할 때 사용하는 세제는?

❶ 딱 달라붙은 먼지도 떼어내는 베이킹 소다

❷ 세제를 사용하지 않고 힘으로 떼어낸다.

❸ 소취, 살균 효과가 있는 식초, 구연산

물걸레 중심으로 하는 청소는 딱 달라붙은 먼지를 좀처럼 떼어낼 수 없습니다. 베이킹 소다와 식초, 구연산 등 천연세제를 사용하면 쉽게 떨어집니다.

정답 ❶ ❸

 다음 중 현관의 신발을 정리하는 좋은 방법은?

❶ 기가 모이므로 전부 바닥에 놓아둔다.

❷ 신발은 바닥에 한 켤레라도 꺼내두면 안 된다.

❸ 자주 신는 최소한의 신발만 남기고 신발장에 넣는다.

바닥에는 되도록 신발을 꺼내두지 않는 것이 길! 단, 자주 신는 신발은 꺼내두어도 괜찮습니다. 전부 꺼내놓아 어수선한 인상을 남기지 않도록 합시다.

 정답 ❸

 꾸준히 청소해야 하는 바닥. 다음 중 가장 간단한 청소 방법은?

❶ 소금을 뿌리고 나서 쓸어낸다.

❷ 젖은 차 찌꺼기를 뿌리고 나서 쓸어낸다.

❸ 젖은 신문지를 뿌리고 나서 쓸어낸다.

먼지가 날리지 않도록 젖은 신문지나 차 찌꺼기를 뿌리는 것은 옛부터 어른들이 사용하던 지혜이므로 적극 추천합니다.

 정답 ❷❸

 바닥 물청소는 일주일에 한 번은 해야 한다. 그러나 물청소를 할 수 없는 경우에는?

❶ 중성세제를 뿌린 걸레로 닦는다.

❷ 물청소는 하지 않는다.

❸ 구연산물을 뿌려 마른 걸레로 닦는다.

풍수적으로는 되도록 천연소재를 사용하는 것이 좋기 때문에 구연산물을 사용해서 먼지를 닦아내는 것을 추천합니다. 먼지가 잘 제거됩니다.

 정답 ❸

 계절이 지난 신발에 곰팡이가 피어있다면 충격! 다음 중 곰팡이를 방지하는데 좋은 것은?

❶ 베이킹 소다

❷ 커피콩

❸ 아로마 소금

신발장 바닥에 베이킹 소다를 뿌리면 곰팡이 방지에 도움이 됩니다. ❷, ❸은 향기를 좋게 하고 냄새 제거에 효과가 있지만 곰팡이 방지에 도움이 되지는 않습니다.

 정답 ❶

 항상 반들반들하게 닦아두고 싶은 현관 거울. 다음 중 딱 달라붙은 먼지와 먼지가 쌓여 흐려진 거울의 먼지를 제거하는 좋은 방법은?

❶ 연마제를 발라 쓱쓱 닦는다.

❷ 베이킹 소다를 뿌려 닦는다.

❸ 마지막에 식초물을 뿌려 닦는다.

거울은 베이킹 소다로 닦고, 거울이 뿌옇다면 식초물로 닦는 것이 좋습니다. 연마제는 흠집이 나므로 사용하지 않습니다.

 정답 ❷❸

 집의 얼굴이기도 한 문패에 대한 설명으로 옳지 않은 것은?

❶ 비에 젖어도 상관없는 금속판으로 된 것이 좋다.

❷ 목제 등 천연소재를 이용한 것이 좋다.

❸ 청소는 베이킹 소다물을 뿌려 마른 걸레로 닦는 것이 가장 좋다.

풍수적으로 가장 좋은 문패는 천연소재인 목제입니다. 여성 등 방범상 문패를 달아두기 어려운 경우 외에는 될 수 있는 한 문패를 달아둡시다.

 정답 ❶

 우산은 사용하는 것만 두는 게 좋다. 다음 중 버리는 편이 좋은 것은?

❶ 투명비닐 우산

❷ 망가져 사용하기 힘든 브랜드 우산

❸ 아직 쓸 수 있고 우산살이 부러졌지만 마음에 쏙 드는 우산

사용하지 않는 우산은 물론 아직 사용할 수 있더라도 망가진 우산을 버리지 않는 것은 운기를 낮추는 원인이 됩니다. 바로 처분합시다. ❷❸

 매일 사용하는 슬리퍼. 다음 중 옳지 않은 것은?

❶ 깔끔하게 겹쳐 수납한다.

❷ 겹치지 말고 슬리퍼걸이에 세워 보관한다.

❸ 슬리퍼 밑창의 먼지는 꾸준히 닦아 보관한다.

밑창이 지저분한 슬리퍼를 겹치는 것은 풍수적으로 절대 해서는 안 됩니다. 겹치지 않은 채로 보관하고 밑창의 먼지는 항상 깨끗하게 해둡니다. ❶

 어느새 물건이 쌓여 있는 현관. 다음 중 정리하는 편이 좋은 것은?

❶ 마음에 드는 장식 선반

❷ 골프 가방

❸ 골판지 박스

현관에 두면 안 되는 것은 골프 가방과 약 상자 등 형태가 불규칙한 것과 골판지 박스, 신문 더미 등입니다. ❷❸

깨끗한 신발이 행운을 부른다

매일 신고 걷는 신발은 굽이 닳거나 지저분해져 어느새 보면 너덜너덜해져 있습니다. 발밑을 자주 확인하여 항상 깨끗하게 유지합니다.

수리
클리닝
신발을 소중하게 오래 사용할 수 있음

↓

운기 UP! 행운을 부름

지저분한 신발은 좋지 않은 인상을 주고 운기를 낮춥니다

자신은 좀처럼 보지 못하는 발밑을 사람들은 자주 봅니다. 신발로 그 사람의 생활환경을 판가름할 수 있습니다. 일류 호텔 직원은 손님을 볼 때 가장 먼저 발밑부터 본다고 할 정도입니다. 닳고 낡은 신발은 청결감이 없고 남에게 좋은 인상을 남길 수가 없습니다. 그러므로 신발을 자주 확인하는 것은 매우 중요합니다. 꾸준히 닦아 청결하게 하고 굽과 밑창이 닳으면 수리를 맡겨 고칩니다. 소중하게 오래 사용하면 운기를 높일 수 있습니다.

집에서도 할 수 있는 신발 청소법

가죽신발

구두약으로 신발을 닦기 전에 베이킹 소다 페이스트로 먼지를 털어냅니다. 가죽에 흠집이 나지 않도록 신발에 묻은 먼지를 제거합니다. 천에 베이킹 소다 페이스트를 묻혀 먼지를 털어내고 다른 천으로 베이킹 소다를 닦아냅니다. 그 다음에는 구두약으로 닦아주세요.

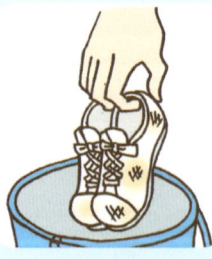

운동화

진흙으로 더러워진 운동화는 베이킹 소다물에 담가둡니다. 한 바가지의 물에 베이킹 소다 1/4컵을 넣어 녹인 다음 운동화를 넣어주세요. 하룻밤 두었다가 비누로 닦으면 깨끗해지고 냄새도 잘 빠집니다.

제 **5** 장

당신의 방은 행복 혹은 불행?

풍수
방 배치 진단

사업, 인간관계, 연애, 돈 등으로 고민하는 남녀 5명의 방을 풍수전문가가 진단했습니다. 당신의 방은 어떤가요?

풍수전문가의 방 진단
사례 1

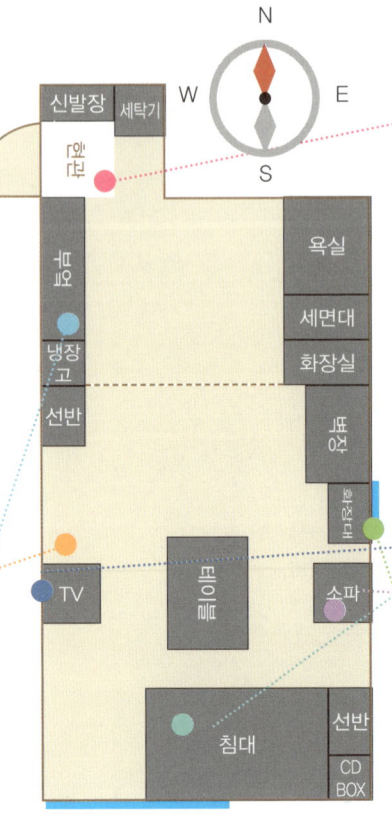

KS씨 (여 · 24살)

고민
- 만남이 없다.
- 사업 면에서 장래가 불안하다.
- 사람과 잘 이야기하지 못한다.

현재의 상태
최근에는 만남도 없고, 계속 일만 하면서 지내고 있습니다. 원래부터 커튼을 그다지 열어두지 않기도 하고, 일 때문에 밤늦게 집에 들어가는 날이 많아 커튼은 휴일 낮이라도 여는 날이 없습니다.

잡지

산더미처럼 쌓인 잡지는 유행에 뒤쳐진다

잡지는 유행운을 의미합니다. 읽지 않은 채로 두면 유행에 뒤쳐질 우려가 있습니다. 바닥에 두는 것은 방을 어지럽히므로 안 됩니다. 책장 등 정해진 장소에 수납하도록 합니다.

부엌

이상한 남자를 주의하자

북서쪽에 있는 부엌은 이상한 남자를 잘 만나게 됩니다. 녹색과 금색 소품을 많이 두는 것이 좋습니다.

창문

동쪽 창문

동쪽에 창문이 있다면 창문을 열어 자연스럽게 빛이 들어오도록 합니다! 창문을 열어두면 좋은 만남이 생길 수 있습니다.

현관

짙은 보라색 매트는 불륜 예감이 든다

현관은 운기가 들어오는 장소입니다. 짙은 보라색 매트는 불륜을 하고 있는 사람이 좋아하는 색이므로 피하는 편이 좋습니다. 흰색과 핑크색을 추천합니다.

침대

검은색 계열의 이불은 불륜을 유발한다

남동쪽에 있고 머리를 동쪽으로 두고 자는 것이 애정운에 가장 좋지만 어두운 색의 이불은 중년남성이나 기혼자와 연애를 부추깁니다. 화사한 색의 이불로 바꾸면 좋습니다(대길).

텔레비전

소리가 나는 것은 동쪽이 길

소리가 나고, 정보를 제공해 주는 텔레비전은 본래 동쪽에 두는 것이 정답입니다. 노란색 소파와 배치를 바꾸면 '서쪽 노란색'이 되기도 하므로 금전운도 UP!

소파

캐릭터가 너무 많이 들어간 것은 어리다는 증거

캐릭터용품은 조금 두는 것은 괜찮지만 너무 많이 있으면 행동이 어려질 수 있습니다. 마음에 드는 물건만 엄선하여 둡니다.

KS씨의 운기

전체운	★★★☆☆
금전운	★★★☆☆
인간관계운	★★☆☆☆
애정·결혼운	★★☆☆☆
사업운	★★★☆☆

풍수전문가의 한마디 조언

방 자체가 가진 운기는 아주 좋지만 아이템의 색채가 전체적으로 어두워 좋은 연애와 만남을 그다지 불러들이지 못합니다. 더욱 환한 색을 사용하거나 배치를 바꾸는 등 방이 가진 힘을 최대한으로 끌어낼 수 있는 노력을 하면 분명 좋은 만남이 생길 수 있을 것입니다.

그 후의 변화

지금까지 저의 연애경향을 딱 맞추어 깜짝 놀랐습니다. 진단 후에 커튼과 침대보를 밝은색으로 바꾸고, 항상 닫아두던 창문도 매일 아침 열어두고 있습니다. 인테리어를 바꾸고 나서 친구의 소개와 일을 통한 만남이 늘었습니다!

풍수전문가의 방 진단
사례2

TN씨 (남 · 24살)

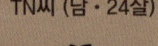

고민
- 장래가 불안하다.
- 일이 바쁘다.
- 상담해주는 일이 많다.

현재의 상태
원하던 직종에 취직해서 바쁘더라도 즐겁게 일을 하고 있습니다. 지금의 직장도 3년째 다니고 있고, 최근에는 여러 사람이 저에게 의지하는 존재가 되었습니다. 하지만 그 덕분에 더 바빠진 것 같습니다.

현관

서쪽에 있는 현관은 독립심을 나타낸다

풍수적으로 현관이 서쪽에 있는 집에 살고 있는 사람은 책임감이 강하고, 사업 면에서도 리더십이 강한 타입이라고 합니다. 노란색 물건을 두면 금전운이 상승하여 더욱 좋습니다(대길).

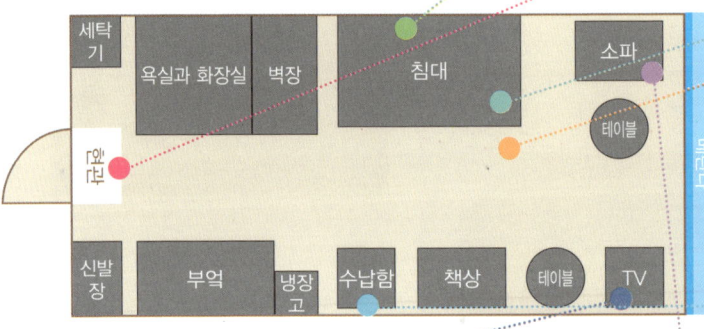

텔레비전

남동쪽에 있는 텔레비전

텔레비전과 라디오 등 소리가 나는 것은 정보운을 의미하는 동쪽에 두면 좋은 정보를 얻을 수 있으므로 가장 좋습니다. 남동쪽도 같은 효과를 얻을 수 있습니다.

소파

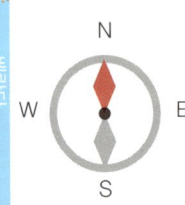

북동쪽과 궁합이 잘 맞는 흰색이 좋다

북동쪽은 남귀문(男鬼門)이라 하여 남성에게 영향을 줍니다. 사각쿠션 등 소품이라도 좋으니 흰색 물건을 사용합니다.

포스터
동경하는 인물과 좋아하는 것을 붙여두는 것은 대길

좋아하는 것의 포스터와 동경하는 사람의 포스터를 붙여두면 목표가 생기므로 좋습니다. 방위는 남쪽이 좋으므로 반대쪽 벽에 붙이면 보다 더 큰 효과를 얻을 수 있습니다.

침대

동쪽으로 머리를 향하게 하여 자는 것은 건강운에 대길

풍수에서는 자고 있는 동안에 운을 흡수한다고 생각합니다. 동쪽으로 머리를 두고 자는 것은 젊은 사람에게 좋고, 건강운에도 아주 좋은 작용을 합니다.

쓰레기통

방의 중심은 힘이 감소한다

방의 한 가운데는 힘이 가장 많이 모이는 장소입니다. 그곳에 액을 떨어뜨리는 쓰레기통을 두면 힘이 감소하게 됩니다.

수납함

천으로 덮어 안 보이게 하자

원래 속이 투명한 수납함을 사용하는 것은 좋지 않으나, 혼자 사는 경우에는 어쩔 수 없으므로 적어도 천으로 덮어서 안 보이게 합니다.

TN씨의 운기

전체운	★★★☆☆
금전운	★★☆☆☆
인간관계운	★★★☆☆
애정·결혼운	★★★☆☆
사업운	★★★★☆

풍수전문가의 한마디 조언

사업운도 좋고 책임감도 강하므로 남성의 방으로는 좋습니다. 하지만 너무 열심히 해서는 안 됩니다. 책임감이 강하면 무엇이든 떠맡기 쉽고, 너무 열심히 하다 보면 힘에 부쳐 실수를 할 수도 있으므로 주위 사람에게 지원을 받거나 하여 부담을 줄입니다.

그 후의 변화

진단 후에 소파에 흰색 쿠션을 두었습니다. 이전에는 일하는 도중에 이야기를 거는 사람이 거의 없어서 담담하게 혼자서 업무를 했지만 최근에는 주위 사람들이 이야기도 많이 걸어, 예전보다 더 재미있게 일을 할 수 있게 되었습니다.

풍수전문가의 방 진단
사례3

KK씨 (여·22세)

고민
- 몸 상태가 좋지 않다.
- 의욕이 전혀 생기지 않는다.
- 경제적으로 불안정하다.

현재의 상태

결혼이 결정되면서 지금까지 하고 있던 아르바이트도 그만 두어 최근에는 집에서 지내는 시간이 많아졌습니다. 수입이 없기 때문에 지금까지 저금한 돈으로 생활하고 있습니다. 그 때문인지 불필요한 외출은 하지 않게 되었습니다.

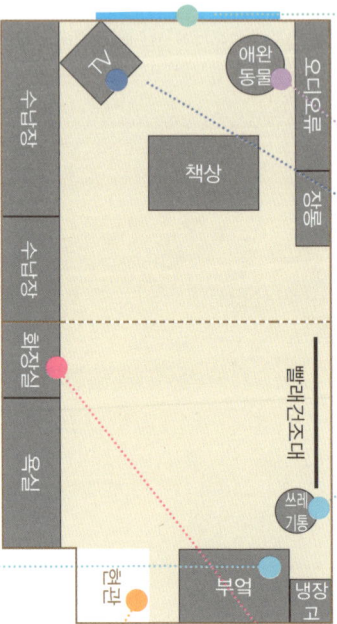

부엌

동쪽에 있는 부엌은 아침에 활력을 준다

동쪽과 궁합이 잘 맞는 빨간색 물건을 두면 더욱 좋습니다(대길). 아침부터 의욕이 생깁니다.

현관

좋은 향기가 나게 하여 인간관계 UP!

동쪽에 있는 화장실과 현관에 좋은 향기가 나는 물건을 두면 인간관계운을 상승시키는 데 효과가 있습니다.

화장실

남쪽에 있는 화장실은 특히 깨끗하게 하자

센스와 아름다움을 의미하는 남쪽에 화장실이 있으므로 특히 주의해야 합니다. 지저분하면 다이어트에 실패하거나 미용 면에 악영향을 줄 수 있습니다.

쓰레기통

북동쪽에 쓰레기통은 금지

귀문 방위인 북동쪽에 쓰레기통을 두는 것은 좋지 않습니다. 특히 깨끗하게 해두어야 하는 방위이므로 다른 곳에 둡니다.

창문

서쪽에 창문이 있다면 낭비에 주의하자

금전운을 의미하는 서쪽에 창문이 있는 경우에는 특히 주의해야 합니다. 창문으로 운기가 도망갈 우려가 있으므로 돈을 너무 쓰지 않도록 주의하세요.

애완동물

행운점은 피하자

기본적으로 애완동물을 기르는 것 자체는 좋지만 행운의 통로인 입구와 중심, 그 대각선상에 두면 행운이 들어오기 어려워집니다.

KK씨의 운기

전체운	★★☆☆☆
금전운	★★☆☆☆
인간관계운	★★☆☆☆
애정·결혼운	★★☆☆☆
사업운	★★☆☆☆

풍수전문가의 한마디 조언

일반 가정집인데 인테리어가 서양식인 것이 많고, 통일되어 있지 않습니다. 다가구 집에 살고 있으므로 토속적인 인테리어로 통일시키면 운기가 더욱 상승합니다. 또, 전체적으로 물건이 많습니다. 수납해두든지 불필요한 물건은 버리든지 하여 양을 줄이면 운기의 흐름이 좋아집니다.

텔레비전

옮길 수 있다면 동쪽에 두자

서쪽에 텔레비전을 두는 것은 그다지 좋지 않습니다. 배선문제 등도 있겠지만 옮길 수 있다면 동쪽에 둡니다. 좋은 정보를 얻을 수 있습니다.

풍수전문가의 방 진단
사례4

집 전체

CS씨 (여・24세)

고민
- 상사와 성격이 잘 맞지 않다.
- 정신적으로 지쳐있다.
- 불면증이 있다.

현재의 상태

입사 이래, 상사와 성격이 잘 맞지 않아 정신적으로 지쳐있을 때가 많습니다. 또, 오래전부터 앓던 불면증을 치료하지 못해 좀처럼 잠들 수가 없습니다. 최근에는 이상한 꿈도 많이 꾸어 피곤합니다.

CS씨의 방

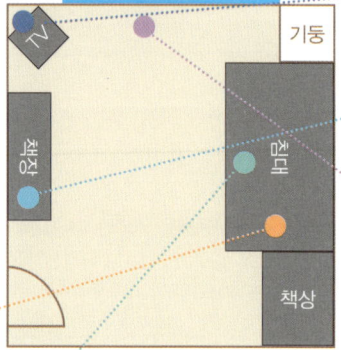

베개

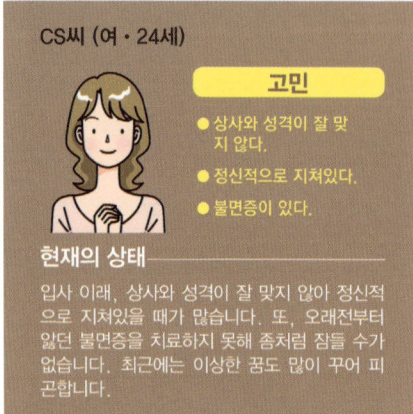

남쪽으로 머리를 두고 자는 것이 불면증에 영향을 주고 있을지도 모른다

남쪽으로 머리를 두고 자는 것은 재능운이 상승하나 감이 떨어지고, 편히 잠들 수 없는 면도 있습니다. 불면증이 있으므로 북쪽으로 머리를 두고 자는 것이 좋습니다. 침대를 옮길 수 있다면 방 중심에 두고 북쪽으로 머리를 두고 자는 것이 가장 좋습니다.

침대

동쪽에 있다면 빨간색이 좋다

검은색 침구는 편히 잠들 수 없는 색입니다. 동쪽은 빨간색과 궁합이 잘 맞는 방위이므로 빨간색을 사용하는 편이 좋습니다. 붉은색은 조금 들어간 것이 좋습니다.

서쪽

서쪽에 빨간색 물건을 두면 낭비하는 경향이 있다

서쪽에 빨간색 물건을 두면 낭비가 심해질 수 있으므로 그다지 추천하지 않습니다. 텔레비전 위에 있는 노란색 캐릭터 물건을 서쪽에 두면, '서쪽 노란색'인 금전운 풍수가 되므로 운기가 상승합니다.

북동쪽 방

북동쪽에 있는 방에서 지내는 여성은 결혼할 기회를 놓친다

귀문 방위인 북동쪽에 있는 방을 여성이 사용하면 결혼시기가 늦어지는 경향이 있습니다. 결혼운이 상승하는 풍수를 적용합니다.

북서쪽

캐릭터 물건보다 안정된 물건이 좋다

북서쪽은 그 집의 재산이 되는 것을 두는 장소입니다. 주된 방위이고 격이 높은 장소이므로 지구본이나 부적 등 안정되는 물건을 두는 것이 좋습니다.

북쪽

북쪽에 있는 창문과 빨간색은 궁합이 잘 맞다

따뜻해지는 힘을 가진 따뜻한 색 계열은 북쪽과 궁합이 잘 맞는 색입니다. 하지만 방의 넓이에 따라 도를 넘은 대량의 빨간색은 오히려 더 안정되지 않아서 피로를 풀기 어렵습니다.

CS씨의 운기

전체운	★★☆☆☆
금전운	★★☆☆☆
인간관계운	★★★☆☆
애정·결혼운	★★☆☆☆
사업운	★★★☆☆

풍수전문가의 한마디 조언

빨간색은 의욕과 활력을 주는 색입니다. 쉬는 장소인 침실에 빨간색을 사용하면 기분이 들뜨기 때문에 불면증이 올 가능성도 있습니다. 소량의 빨간색은 아주 좋은 힘을 발휘하므로 사용량을 줄이는 것이 좋습니다. 또, 남쪽은 빨간색과 궁합이 잘 맞지 않으므로 절대로 사용하지 마세요.

풍수전문가의 방 진단
사례5

KW씨 (남자 · 29세)

고민
- 만남을 원한다.
- 일이 바빠서 쉬는 날이 별로 없다.
- 실제 나이보다 더 나이들어 보인다.

현재의 상태
회사에서도 책임 있는 지위를 맡고 있어 인간관계 자체는 공사 구분없이 모든 사람과 잘 지내고 있다고 생각하는데, 나이와 일이 바쁜 탓인지 몸 상태가 점점 더 안 좋아지는 것 같습니다.

현관

동쪽에 있는 현관이 깨끗하면 좋은 인생을 보낼 수 있다

골프 가방을 다른 곳에 옮겨두는 등 현관을 깨끗하게 해두지 않으면 이직을 반복하고, 그때마다 수입이 감소할 수 있습니다.

전기

어두운 방에 있으면 점점 늙는다

방의 밝기는 젊음과 건강을 상징합니다. 전구가 하나밖에 없는 어두운 방은 사람을 늙어 보이게 만들거나 컨디션이 나빠질 수 있으므로 주의해야 합니다.

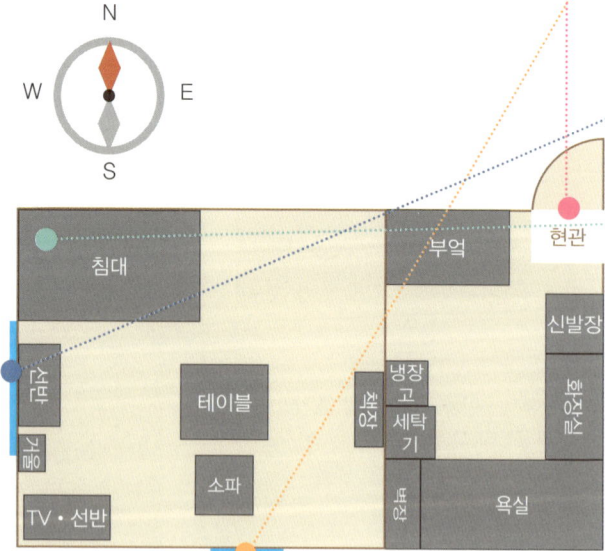

140

남쪽

재능과 센스를 살리는 일에 좋다(대길)

센스가 필요한 직업에 아주 좋은 방위입니다. 커튼의 색은 침대와 맞추어 녹색으로 하고, 한 쌍의 관엽식물을 두면 더 큰 효과를 기대할 수 있습니다.

서쪽

서쪽에 창문이 있으면 금전운이 걱정된다

석양이 비치는 방은 낭비가 심해질 수 있으므로 걱정입니다. 석양이 비치지 않도록 차광 커튼을 달고, 커튼 색도 금전운에 좋은 노란색과 베이지색으로 하면 좋습니다(대길).

침대

청록색의 침대는 출세하는 데 좋다

침대보의 색은 사업 면에서 아주 좋은 색이기 때문에 상사에게 인정받고, 출세도 빨라질 것입니다. 자는 방향도 딱 좋기 때문에 큰 효과를 기대할 수 있습니다.

KW씨의 운기

전체운	★★★☆☆
금전운	★★☆☆☆
인간관계운	★★★☆☆
애정·결혼운	★★★☆☆
사업운	★★★☆☆

풍수전문가의 한마디 조언

전체적으로 방이 어둡고, 사용하는 아이템도 어두운색이 많아 건강운에는 그다지 좋지 않습니다. 또, 가구가 모두 낮아서 아래쪽을 보고 지내는 시간이 많아져 기분이 침울해질 때도 있을 것입니다. 정리정돈과 청소를 자주 하여 방이 밝아지게 하고, 관엽식물을 놓아두세요.

그 후의 변화

진단을 받고 나서 밝은 전구로 교체했습니다. 최근에는 컨디션도 좋고, 피곤함도 줄어든 것 같습니다. 골프 가방은 다른 곳에 두고, 현관도 정돈했습니다. 아직 인생이 즐거워졌다는 실감은 나지 않지만 벌써부터 두근두근거립니다.

제 **6** 장

행운을 부르는
가장 좋은 현관

가장 좋은 현관을 만드는 방법을 소개합니다. 또, 금전운. 애정운. 사업운. 건강운에 맞춤화된 현관을 만드는 방법도 알아봅니다.

생활감을 높이는 것은
한 발 더 행복으로 다가가는 길

행복을 바라는 사람에게 현관이 왜 중요하냐면 사람들이 그곳으로 들어오고, 사람을 초대하여 서로 간의 담을 없애는 장소이기 때문입니다. 현관이야말로 행복의 대상을 실현시켜줄 사람을 부르는 장소인 것입니다.

또, 현관이 집 안과 밖을 나누는 경계라는 점이 중요합니다. 행운이 들어온다는 것은 나쁜 기운도 활개를 치며 들어올 수 있다는 것입니다. 그래서 현관을 집에 들어가기 전에 바깥에서 붙은 먼지(즉, 나쁜 운 같은 것)를 털어내고 정화시키는 곳이라고도 할 수 있습니다.

간단히 말하자면 꽃가루나 인플루엔자 바이러스의 침입을 막기 위해 코트에 붙은 먼지를 털어내는 것과 비슷합니다. 즉, 현관이란 바깥에서 붙은 나쁜 기운을 털어내는 경계입니다. 그만큼 바깥에서 만난 좋지 않은 일을 잠시 잊고 즐거운 마음을 갖게 할 수 있도록 만들어야 합니다. 또, 나뿐만 아니라 손님도 기분이 좋아져야 된다는 것이 중요합니다. 어쨌든 사람의 마음을 밝고 건강하게 하는 공간이어야 합니다.

현관은 행운을 옮기는 메신저를 가장 먼저 환영하고 위로하는 장소

하느님이나 부처님을 만나기 전에는 몸과 마음뿐만 아니라 주변도 깨끗하게 합니다. 몸에 붙은 먼지를 털거나 목욕재계로 더러운 것을 씻어내어 몸을 깨끗이 합니다. 현관을 깨끗이 청소하고 마중할 준비를 하는 것은 정화와 같은 것입니다.

가게문을 열어 장사를 시작하기 전에 문앞이나 내부를 깨끗이 청소하는 것은 신선한 기운과 활기찬 마음을 받아들이는 일종의 정화를 의미합니다.

앞에서 언급했듯이 풍수란 합리적인 생활감각에서 발생한 것이기 때문에 여기에는 논리성과 도리가 분명히 포함되어 있습니다.

현관은 처음 방문한 사람을 기분 좋게 맞이하고 대접하여 좋은 인상을 주려는 이른바 답안지와 같은 것으로, 그 답안지가 지저분하면 그것을 보는 사람에게도 좋지 않은 인상을 주기 때문에 좋은 점수를 줄 기분이 나지 않습니다. 이와 같이 현관이란 사람 즉, 행운의 정보를 가져다 주는 메신저를 가장 먼저 환영하고 위로하는 장소입니다.

현관에 꼭 있어야 할 행운을 부르는 5가지 규칙

지금까지 현관이 행운과 행복을 가져다 주는 얼마나 중요한 장소인지 알아 보았습니다. 현관으로 행운이 들어오게 하려면 다음 5가지 규칙이 필요합니다.

1. 밝고 청결한 곳
2. 적당히 넓어 마음에 여유가 생길 만한 곳
3. 통풍이 잘되고 기의 흐름을 막지 않는 곳
4. 방위, 방향이 좋은 곳
5. 살고 있는 사람의 취미와 분위기가 있는 장식품으로 꾸며져 있는 곳

이것이 가장 좋은 풍수 현관이다

그림, 사진
현관문을 바라보고 좌측(좌청룡)에 산을 그린 그림이나 사진을 걸어 둡니다.

창문
현관에 창문이 있다면 정말 좋습니다. 밝은 햇살이 현관에 힘을 주기 때문입니다.

화분
밝은 꽃의 화분을 좌측(좌청룡)에 두어 현관을 화사하게 만듭니다.

금속으로 된 추시계
소리가 나는 금속으로 된 추시계는 좋지 않은 기를 완화시켜주는 최고의 아이템입니다. 이것도 좌측(좌청룡)에 둡니다.

현관은 기가 들어오는 입구로 사람의 입과 같다

사람은 입과 코로 산소와 영양분을 섭취하여 살아가고 있습니다. 이와 같이 현관도 사람의 입과 코와 같이 집에서 필요한 모든 것이 들어오는 곳입니다. 운기를 높여주는 기도 현관으로 들어옵니다.

현관으로 들어온 기는 산소와 같이 방 안 구석구석까지 스며들어 그 집의 운기를 크게 높여줍니다. 집 안의 운기가 높아지면 당연히 그곳에 사는 사람들의 운기도 높아집니다.

풍수적으로 가장 좋은 현관은?
트집 잡을 곳이 없는 운기(運氣)가 많이 들어오는 현관을 소개합니다.

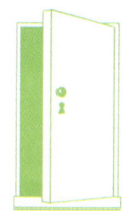

벽
흰색보다 따뜻한 색 계열인 아이보리색 등의 현관이 좋습니다.

우산꽂이, 신발, 슬리퍼걸이
우산꽂이와 신발, 슬리퍼걸이는 문을 바라보고 우측(우백호)에 둡니다. 바닥에는 최소한의 신발만 두고 나머지는 신발장에 넣어둡니다.

현관 매트
밝은색의 현관 매트가 개운(開運)의 포인트입니다. 노란색, 연지색, 빨간색을 추천합니다.

좌청룡에 운이 트이는 개운 아이템을 두자

먼저 현관은 넓고 밝고 청결해야 됩니다. 기본적으로 이 조건만 충족시켜도 운기를 꽤 높일 수 있습니다. 그러나 최고를 지향한다면 상세 포인트까지 파악해야 합니다.

운기를 높여주는 아이템은 단연 집 안에서 현관을 바라볼때 왼쪽에 두어야 됩니다. 중국에서는 왼쪽을 좌청룡이라고 하며, 힘 있는 위치를 뜻합니다. 그곳에 개운 아이템을 둡니다. 그중에서도 금속으로 된 추시계를 추천합니다. 현관에 소리가 나는 금속으로 된 아이템(풍경, 모빌 등)을 두면 악운을 차단해줍니다.

 이것이 금전운 특화형 현관

돈이 모이는 현관 만들기

좌청룡에 금전운을 높여주는 아이템을 배치하자

돈이 모이는 집과 모이지 않는 집의 차이는 어디에 있는 걸까요? 역시 현관에 따른 영향이 큽니다.

물론 처음에 소개한 현관도 금전운을 크게 높여줍니다. 그러나 그 이상으로 금전운을 높이고 싶은 사람을 위해 이 장에서는 금전운 특화형 현관을 소개합니다. 무엇보다도 금전운을 높이고 싶다면 금전운을 불러오는 확실한 아이템이 필요합니다. 현관 좌측에 그 아이템을 배치합니다.

▶ 금전운을 높이는 Key Point 는 물!

물은 기를 흡수하고 저장하는 역할을 합니다. 깨끗한 물, 금붕어 등이 헤엄치는 수조 등은 재력을 높여주는 효과가 있습니다. 특히 금붕어는 헤엄을 쳐서 물을 움직이게 하기 때문에 더욱 효과가 큽니다.

비휴(貔貅)와 물과 관련된 아이템으로 재물운(財物運)을 집으로 불러들이자

추천 아이템은 비휴 장식품입니다. 비휴는 전설의 동물로 재물을 가져다 준다고 합니다.

또, 폭포와 강 등 물과 관련된 그림과 사진도 금전운을 좋게 해줍니다.

금전운은 물과 크게 관계가 있기 때문에 어항을 두면 효과가 크다고 합니다. 단, 어항 등 수조는 주의해야 할 점이 있습니다. 즉효성이 높은 아이템이지만 경우에 따라서는 역효과가 날 수도 있습니다. 어항을 두어도 효과가 없다면 바로 치웁니다.

[**금전운 특화형 현관 포인트**]

1. 비휴 장식품을 둔다.
2. 어항 등의 수조를 둔다.
3. 폭포나 강, 바다 등 물과 관련된 그림과 사진을 걸어 둔다.
4. 현관 매트의 색은 흰색이 좋다.

그림, 사진

좌청룡에 폭포와 강, 바다 사진이나 그림을 걸어 둡니다(그림 속의 물은 안으로 흐르도록 합니다).

비휴 장식품

비휴 장식품을 좌청룡에 두어 재물운을 끌어들입니다.

수조

어항 등의 수조를 좌청룡에 둡니다. 단, 효과가 없는 경우에는 빨리 치웁니다.

현관 매트

금전운을 올리기 위하여 현관 매트는 흰색으로 하고 깨끗하게 유지합니다.

 이것이 애정운 특화형 현관

사랑하고 싶은 마음이 생기게 하는 현관 만들기

분홍색으로 가득한 생활로 바꾸자

사랑에 충실하고 싶다! 이것도 풍수의 힘으로 애정운을 높일 수 있습니다.

애정과 동떨어져 있는 사람은 집 안을 한번 훑어보세요. 촌스럽고 우울한 것들로 둘러싸여 있지는 않습니까?

역시 애정운을 높이고 싶다면 화사한 것으로 둘러싸인 생활을 하는 것이 중요합니다. 애정의 색은 분홍색이므로 분홍색 물건으로 현관을 꾸며봅니다.

현관도 분홍색으로 꾸미면 애정운이 크게 상승합니다.

▶ 애정운을 높이는
Key Point 는 분홍색!

분홍색은 자율신경을 자극하여 내분비계를 활성화시켜 젊어지게 하는 효과가 있습니다. 하루에 3번, 분홍색을 이미지화해서 공기를 들이마시면 고운 피부로 만들어 주는 효과가 있다고 할 정도로 색이 인간에게 미치는 효과는 큽니다.

꽃병에 꽃을 꽂으면 애정 모드로 바뀐다

분홍색 현관은 분명 당신에게 사랑하고 싶은 기분으로 만들어 주는 것과 동시에 당신의 매력을 끌어내 줄 것입니다.

분홍색과 빨간색의 꽃을 꽃병에 꽂아두는 것도 추천합니다. 애정운이 없는 사람은 과감하게 장미를 꽂아보는 것은 어떨까요?

현관 매트와 슬리퍼 등 작은 물건도 분홍색으로 꾸미면 단숨에 화사한 현관으로 변신합니다. 단, 밝은색은 때가 타면 눈에 잘 띄므로 꾸준히 세탁하도록 합니다.

[애정운 특화형 현관 포인트]

1. 홍수정을 둔다.
2. 꽃병에 분홍색 장미를 꽂아둔다(조화는 절대 금물!).
3. 아로마 세트를 두어 현관에서 향기가 나게 한다.
4. 분홍색과 빨간색 꽃 그림이나 사진을 걸어 둔다.
5. 현관 매트의 색은 분홍색이 좋다.

그림, 사진
좌청룡에 분홍색과 빨간색 꽃 사진이나 그림을 걸어 둡니다.

꽃병
꽃병에 꽃을 꽂아 좌청룡에 둡니다. 분홍색 장미면 더욱 효과가 높습니다.

홍수정
수정은 애정의 힘을 높여주는 돌입니다. 좌청룡에 두어 사랑이 찾아오도록 합니다.

아로마 세트
향기가 은은하게 새어나오도록 합니다.

현관 매트
애정운을 높이고 싶다면 현관 매트도 분홍색을 추천합니다.

 이것이 사업운 특화형 현관

일이 진척되는 현관 만들기

인간관계와 동기부여를 사업용 현관에서 높이자

일이 슬럼프에 빠졌거나 열심히는 하고 있는데 성과가 없는 등 여러모로 자신만 계속 일이 잘 풀리지 않을 때가 있습니다. 그때야말로 풍수에 맡겨봅니다.

일은 뭐니 뭐니 해도 인간관계가 가장 중요합니다. 인간관계를 좋게 만들고, 자신에게 동기를 부여하기 위해 풍수학을 사용합니다. 현관은 기가 들어오는 입구이고 바깥 세계와의 접점입니다. 바깥 세계와 자신을 잘 엮어 일의 성과로 연결시킬 수 있습니다.

▶ 사업운을 높이는
 Key Point 는 커뮤니케이션!

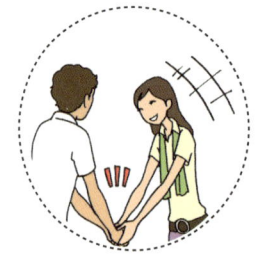

일을 하는 데 인간관계는 매우 중요합니다. 커뮤니케이션에서 예의와 겸허, 협동성을 중요시하면 사업운을 높일 수 있습니다. 양호한 인간관계는 본인뿐만 아니라 가족에게도 행운을 가져다 줍니다. 파란색 계열의 색을 추천합니다.

전화로 커뮤니케이션하고 도시의 사진으로 동기부여

좌청룡에 사업운을 높여주는 아이템을 장식하는 것만으로 사업용 현관이 완성됩니다.

전화기를 현관에 두면 커뮤니케이션을 원활하게 할 수 있습니다. 또, 자기가 좋아하는 도시의 사진 등을 걸어 두면 두뇌 회전이 더 잘 됩니다.

현관에 걸어 둔 도시 사진을 보고 일하러 가면 이상할 정도로 일이 잘 풀릴 것입니다.

[사업운 특화형 현관 포인트]

1. 전화기를 카운터 위에 둔다.
2. 메모장과 펜을 카운터 위에 둔다.
3. 자기가 좋아하는 도시의 그림과 사진을 걸어 둔다.
4. 디지털시계를 둔다.
5. 현관 매트의 색은 짙은 파란색이 좋다.

그림, 사진
좌청룡에 좋아하는 도시의 그림이나 사진을 걸어 둡니다.

디지털시계
디지털시계를 좌청룡에 두어 두뇌 회전력을 향상시킵니다.

메모장과 펜
메모장과 펜을 카운터 위에 둡니다.

전화기
전화기는 소리가 나는 아이템이므로 현관에 두는 것을 추천합니다. 커뮤니케이션을 향상시킬 수 있습니다.

현관 매트
사업운을 향상시키고 싶다면 현관 매트는 짙은 파란색을 추천합니다.

 이것이 건강운 특화형 현관

항상 건강한 현관 만들기

| 풍수는 건강을 유지하는 데 없어서는 안 될 요소

건강은 무엇보다도 가장 중요합니다. 몸이 안 좋을 때 건강의 소중함을 크게 깨닫습니다.

풍수는 건강에도 큰 역할을 합니다. 나쁜 기를 털어내고 집 안이 좋은 기로 가득 차게 하는 거야말로 건강하게 지낼 수 있는 포인트입니다.

기가 들어오는 입구인 현관은 집 안에 좋은 기를 넣고 나쁜 기는 걸러내는 필터와 같은 역할을 합니다. 필터가 지저분해지면 집이 나쁜 기로 가득 차기 때문에 가장 먼저 현관을 청결하게 하는 것이 중요합니다.

▶ 건강운을 높이는
   Key Point 는 녹색!

숲 등 자연은 인간의 정신을 안정시키는 효과가 있습니다. 자연과 녹색은 균형과 조화에도 영향을 주고, 마음을 평온하게 해주는 힘이 있어 혈압을 안정시켜주는 등 건강에 좋은 효과가 있습니다.

| 전체를 깨끗하게 해서 치유 효과가 높은 현관으로 만들자

현관을 깨끗하게 해서 건강운을 향상시키기 위해서는 현관을 녹색으로 꾸미는 것이 좋습니다.

관엽식물 등의 분재와 상쾌한 숲 그림이나 사진, 현관 매트의 색 등으로 현관을 푸르게 꾸밉니다.

아로마 향기가 나게 하는 것도 추천합니다. 삼나무 향기 등 심신을 안정시켜주고 자연의 향기를 느낄 수 있게 해주면 좋습니다. 또, 숯을 놓아두는 것도 추천합니다. 최근에는 장식용 숯도 많이 팔고 있으므로 꼭 이용해봅니다. 이걸로 치유 효과를 높이는 현관이 완성됩니다.

[건강운 특화형 현관 포인트]

1. 숲 그림이나 사진을 걸어 둔다.
2. 관엽식물을 둔다.
3. 숯을 카운터 위에 둔다.
4. 아로마 세트를 두어 현관에서 향기가 나게 한다.
5. 현관 매트의 색은 녹색이 좋다.

그림, 사진
좌청룡에 숲 등 그림과 사진을 걸어 둡니다.

아로마 세트
현관에서 삼나무 등 자연 향기가 나는 아로마를 태워 현관 전체를 치유 공간으로 만듭니다.

관엽식물
허리 정도 오는 높이의 관엽식물을 현관에 둡니다.

천연석
천연석을 좌청룡에 두면 치유의 힘이 향상됩니다.

숯
숯을 좌청룡에 두어 현관의 정화력을 높입니다.

현관 매트
건강운을 향상시키려면 현관 매트는 녹색을 추천합니다.

행운을 부르는 현관의 방위

행운이 오는 방위

| 팔택파(八宅派) 풍수학으로 알 수 있는
자신의 본명성(本命星)과 길방위(吉方位)

중국의 전통적인 풍수학 중에서도 특히 가장 인기 있는 것이 팔택파입니다. 팔택파는 출생연도에 따라 그 사람의 길흉 방위를 알 수 있다고 합니다. 그것을 본명성이라고 합니다.

본명성은 팔괘의 이름으로, 숫자와 오행(풍수에서 중요시되는 속성)으로 표현되는 것입니다. 감(坎), 이(離), 손(巽), 진(震), 곤(坤), 건(乾), 태(兌), 간(艮) 전부 8종류로 나뉩니다.

8종류의 본명성은 각각 길방위가 다릅니다. 특히 집 현관이 길방위에 있으면 좋다고 합니다.

가족이 살고 있는 경우에는 사람마다 출생연도가 달라 길방위도 제각각이므로 그 집에 가장이나 기둥인 사람의 길방위를 기준으로 합니다.

다음 페이지에는 본명성을 내는 간단한 계산법을 소개하므로 자신의 본명성과 길방위를 계산해보세요.

만약 우리 집 현관이 길방위에 있다면 문제가 없지만 그렇지 않은 경우에는 주의해야 합니다. 각각의 본명성에 대응하며 개선하는 방법은 152쪽부터 나와 있습니다. 참고하여 현관의 운기를 높이기 바랍니다.

▶ 방위와 풍수의 관계

풍수에는 8개의 방위가 있고, 각각에 오행 [목(木), 화(火), 토(土), 금(金), 수(水)]의 기가 있다고 합니다. 목은 나무를 상징하는 색깔과 테마로 대응하고, 화는 불을 상징하는 색깔과 테마로 대응합니다.

자신의 본명성을
알아내는 계산법

본명성에는 남녀를 구분하는 학설과 남녀를 구분하지 않는 학설 두 가지가 존재합니다. 이 장에서는 남녀를 구분하는 학설을 기반으로 한 본명성 계산법이 설명되어 있습니다. (남녀를 구분하지 않는 학설은 30~35쪽을 참고해 주세요.)

남성의 경우

11−(출생연도를 단수로 분할하여 더한 숫자)=본명성 숫자

1965년생의 경우

1+9+6+5=21 → 2+1=3

※ 더한 숫자가 두 자리 수인 경우는 똑같이 단수로 분할하여 더합니다.

11−3=8

1965년생 남성의 본명성의 숫자는 '8'입니다.

(본명성의 숫자에 5는 없기 때문에 남성의 경우 결과가 5일 때는 자동으로 '2'가 됩니다.)

여성의 경우

(출생연도를 단수로 분할하여 더함)+4=본명성 숫자

1965년생의 경우

1+9+6+5=21 → 2+1=3

※ 더한 숫자가 두 자리 수인 경우는 똑같이 단수로 분할하여 더합니다.

3+4=7

1965년생 여성의 본명성의 숫자는 '7'입니다.

(본명성의 숫자에 5는 없기 때문에 여성의 경우 결과가 5일 때는 자동으로 '8'이 됩니다.)

※ 주의점 : 출생연도는 24절기로 하기 때문에 양력의 2월 4일 입춘절이 경계가 됩니다. 따라서 이보다 전에 태어난 사람은 전년으로 계산합니다. 예를 들어, 1965년 2월 3일생이라면 1964로 계산합니다.

본명성의 숫자와 오행

감(坎) 숫자 : 1 오행 : 수(水)
이(離) 숫자 : 9 오행 : 화(火)
손(巽) 숫자 : 4 오행 : 목(木)
진(震) 숫자 : 3 오행 : 목(木)
곤(坤) 숫자 : 2 오행 : 토(土)
건(乾) 숫자 : 6 오행 : 금(金)
태(兌) 숫자 : 7 오행 : 금(金)
간(艮) 숫자 : 8 오행 : 토(土)

본명성이 '1'(坎)인 사람의 경우

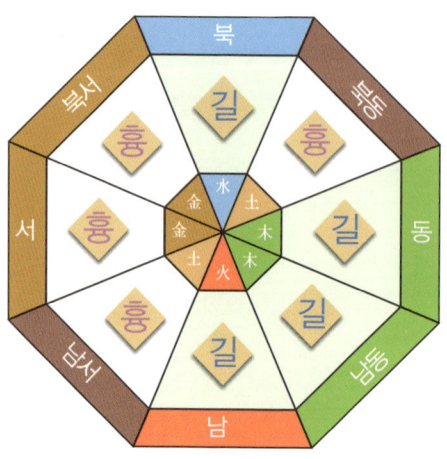

◆ 현관의 길방위 : 남동, 동, 남, 북

* 현관이 흉방위인 경우의 대책 *

1. 현관 매트를 당신의 행운색으로 바꿔 나쁜 기운을 털어냅니다. 당신의 오행은 '水'이므로 현관 매트는 물을 상징하는 색인 옅은 남색, 검은색, 회색이 좋습니다.

2. 물과 관련된 그림, 사진을 걸어 나쁜 기운을 털어냅니다. 바다, 강, 폭포 등 물이 강조된 풍경이 좋습니다.

본명성이 '9'(離)인 사람의 경우

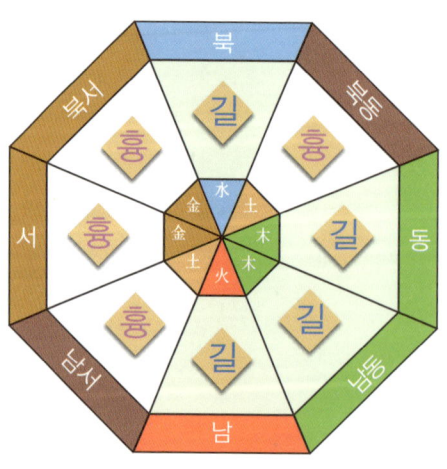

◆ 현관의 길방위 : 동, 남동, 북, 남

* 현관이 흉방위인 경우의 대책 *

1. 현관 매트를 당신의 행운색으로 바꿔 나쁜 기운을 털어냅니다. 당신의 오행은 '火'이므로 현관 매트는 불을 상징하는 색인 보라색, 오렌지색, 빨간색이 좋습니다.

2. 불과 관련된 그림, 사진을 걸어 나쁜 기운을 털어냅니다. 태양, 불꽃, 횃불 등 불과 빨간색이 조화된 풍경이 좋습니다.

본명성이 '4'(巽)인 사람의 경우

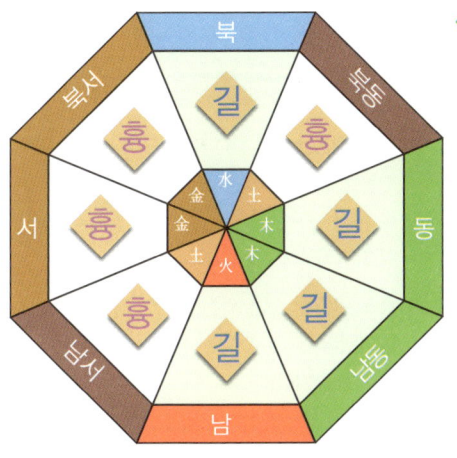

◆ 현관의 길방위 : 남, 북, 남동, 동

* 현관이 흉방위인 경우의 대책 *

1. 현관 매트를 당신의 행운색으로 바꿔 나쁜 기운을 털어냅니다. 당신의 오행은 '木'이므로 현관 매트는 나무를 상징하는 색인 파란색, 녹색이 좋습니다.

2. 나무와 관련된 그림, 사진을 걸어 나쁜 기운을 털어냅니다. 삼림, 관엽식물 등 녹색이 강조된 풍경이 좋습니다.

본명성이 '3'(震)인 사람의 경우

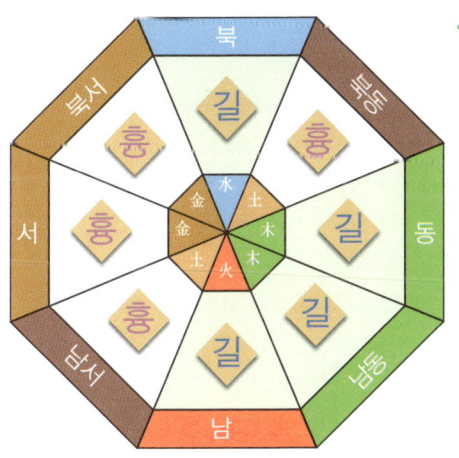

◆ 현관의 길방위 : 남, 북, 남동, 동

* 현관이 흉방위인 경우의 대책 *

1. 현관 매트를 당신의 행운색으로 바꿔 나쁜 기운을 털어냅니다. 당신의 오행은 '木'이므로 현관 매트는 나무를 상징하는 색인 파란색, 녹색이 좋습니다.

2. 나무와 관련된 그림, 사진을 걸어 나쁜 기운을 털어냅니다. 삼림, 관엽식물 등 녹색이 강조된 풍경이 좋습니다.

본명성이 '2'(坤)인 사람의 경우

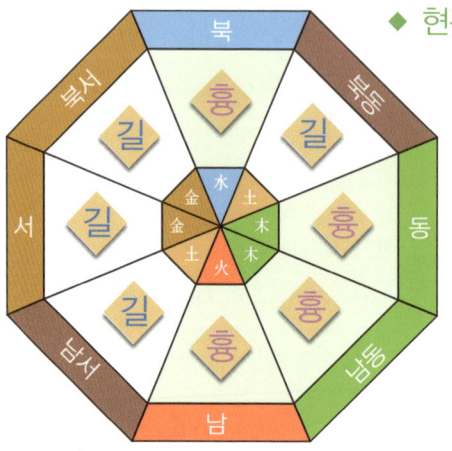

◆ 현관의 길방위 : 북동, 서, 북서, 남서

현관이 흉방위인 경우의 대책

1. 현관 매트를 당신의 행운색으로 바꿔 나쁜 기운을 털어냅니다. 당신의 오행은 '土'이므로 현관 매트는 흙을 상징하는 색인 황토색, 갈색, 노란색이 좋습니다.

2. 흙과 관련된 그림, 사진을 걸어 나쁜 기운을 털어냅니다. 대지, 고원 등 흙이 강조된 풍경이 좋습니다.

본명성이 '6'(乾)인 사람의 경우

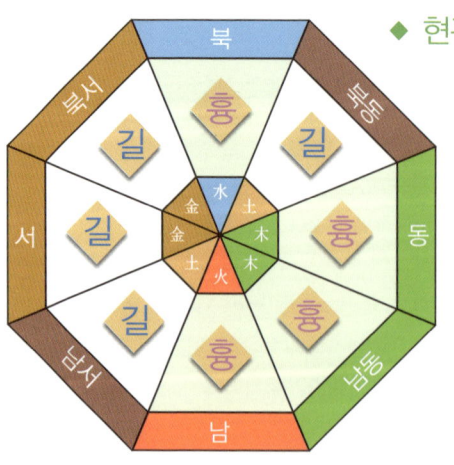

◆ 현관의 길방위 : 서, 북동, 남서, 북서

현관이 흉방위인 경우의 대책

1. 현관 매트를 당신의 행운색으로 바꿔 나쁜 기운을 털어냅니다. 당신의 오행은 '金'이므로 현관 매트는 돈을 상징하는 색인 흰색, 금색이 좋습니다.

2. 금과 관련된 그림, 사진을 걸어 흉상을 털어냅니다. 동전, 금제품, 금속 등 돈이 강조된 풍경이 좋습니다.

본명성이 '7'(兌)인 사람의 경우

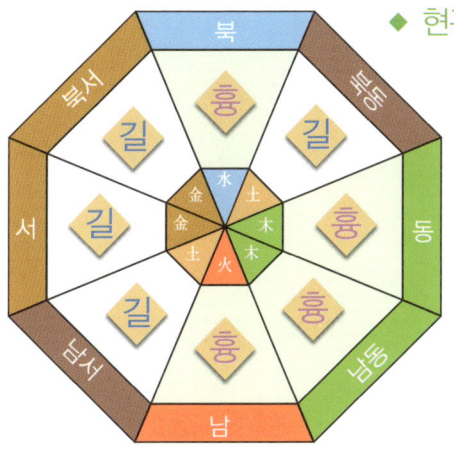

◆ 현관의 길방위 : 북서, 남서, 북동, 서

* 현관이 흉방위인 경우의 대책 *

1. 현관 매트를 당신의 행운색으로 바꿔 나쁜 기운을 털어냅니다. 당신의 오행은 '金'이므로 현관 매트는 돈을 상징하는 색인 흰색, 금색이 좋습니다.

2. 금과 관련된 그림, 사진을 걸어 흉상을 털어냅니다. 동전, 금제품, 금속 등 돈이 강조된 풍경이 좋습니다.

본명성이 '8'(艮)인 사람의 경우

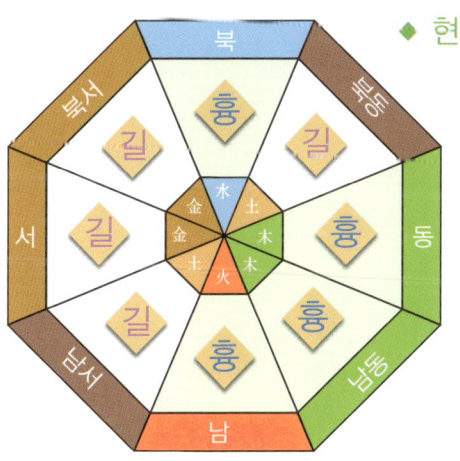

◆ 현관의 길방위 : 남서, 북서, 서, 북동

* 현관이 흉방위인 경우의 대책 *

1. 현관 매트를 당신의 행운색으로 바꿔 나쁜 기운을 털어냅니다. 당신의 오행은 '土'이므로 현관 매트는 흙을 상징하는 색인 황토색, 갈색, 노란색이 좋습니다.

2. 흙과 관련된 그림, 사진을 걸어 나쁜 기운을 털어냅니다. 대지, 고원 등 흙이 강조된 풍경이 좋습니다.

현관 풍수 기본 상식으로 전체운, 금전운, 애정운 등을 향상시키기자!

 풍수 인테리어 적용을 위한 Q & A
~현관 풍수 기본편~

 다음 중 현관으로 들어온 운기를 향상시키는 아이템을 두기 좋은 위치는?
- ① 문을 바라보고 우측
- ② 문을 바라보고 정면
- ③ 문을 바라보고 좌측

개운 아이템은 좌청룡이라고 하는 위치에 두는 것이 가장 좋습니다. 이 좌청룡은 문을 바라보고 좌측을 가리킵니다.

 좌청룡에 카운터가 없고, 물건을 둘 수 있는 자리가 우백호와 구석 밖에 없다. 이 경우에는 어떻게 해야 할까?
- ① 우측과 구석밖에 자리가 없다면 그곳에 둔다.
- ② 우측과 구석 선반에는 수조 등 움직이는 것을 두지 않는다.
- ③ 좌청룡에 둘 자리가 없다면 아무것도 두지 않는 편이 좋다.

우측과 구석 카운터에는 되도록이면 활동적인 물건을 두는 것을 피하고 백색 도자기로 된 장식품 등 안정되는 아이템만 둡니다.

 다음 중 우산꽂이와 신발, 슬리퍼걸이를 두면 좋은 위치는?

① 문을 바라보고 우측
② 문을 바라보고 좌측
③ 어디든지 상관없다.

우산꽂이와 신발, 슬리퍼걸이는 좌청룡이 아닌 우측에 둡니다. 우측에 둘 자리가 없을 때는 좌청룡이 아닌 위치에 둡니다. ①

 다음 중 현관의 길방위가 부부가 반대인 경우 아이템을 누구에게 맞추면 좋을까?

① 집에 오래 있는 아내에게 맞춘다.
② 양쪽의 아이템을 섞어 둔다.
③ 가족을 지탱하는 가장에게 맞춘다.

보통은 사회적 행동이 많은 가장에게 맞춥니다. 아내는 장식을 바꾸거나 침실 배치 등에 신경 써야 합니다. 가장이 아내인 경우에는 아내가 우선입니다. ③

 다음 중 돈이 모이는 금전운 특화형 현관으로 옳지 않은 것은?

① 비휴 장식물을 현관에 둔다.
② 현관 매트 색은 짙은 파란색이 좋다.
③ 폭포와 강, 바다 등의 그림과 사진을 걸어 둔다.

짙은 파란색의 현관 매트는 사업운을 강화시키는 아이템입니다. 금전운을 향상시키려면 흰색 현관 매트를 깔아 둡니다. ③

금전운 특화형 현관에는 어항 등 수조류를 둡니다. 다음 중 두어도 효과가 없는 경우에 취해야 할 행동은?

① 효과가 있을 때까지 느긋하게 기다린다.
② 효과가 없다면 바로 정리한다.
③ 지금보다 큰 물고기로 바꾼다.

물이 움직이는 수조류는 즉효성이 있습니다. 따라서 효과가 없는 경우에는 역효과가 날 수 있으므로 바로 치웁니다. 정답 ②

 다음 중 애정운을 향상시키는 현관을 만드는 데 효과적인 색은?

① 노란색
② 흰색
③ 분홍색

애정운을 향상시키는 색은 역시 분홍색이 최고입니다. 이 색으로 통일하면 젊어지는 듯한 기분이 들고 실제로도 피부가 고와지는 효과가 있다고 합니다. 정답 ③

다음 중 애정운 특화형 현관의 좌청룡에 두는 꽃 중 특히 효과가 있는 종류는?

① 분홍색 장미
② 선인장
③ 흰 국화

분홍색 장미는 애정운을 높여줍니다. 선인장은 피하는 것이 좋습니다. 정답 ①

 다음 중 현관에 두면 일이 잘 풀리는 아이템은?
① 흰색 현관 매트
② 메모장과 펜
③ 디지털시계

정답 ② ③

사업운을 향상시키는 것은 짙은 파란색 현관 매트입니다. 두뇌 회전을 높이는 디지털시계와 일을 할 수 있는 여건을 만들어 주는 메모장과 펜도 효과가 있습니다.

 다음 중 일할 때 필요한 커뮤니케이션운을 향상시키기 위해 두면 좋은 것은?
① 리모컨
② 게임기
③ 전화기

정답 ③

소리가 나는 아이템인 전화기를 현관에 두면 커뮤니케이션이 향상되고 일을 하고 싶게 만드는 동기를 부여합니다.

 다음 중 건강운을 향상시키기 위해 현관에 두면 효과적인 것은?
① 장작
② 숯
③ 석탄

정답 ②

정화 작용이 있는 숯은 특히 건강운을 향상시키는 데 효과적입니다. 최근에는 장식용 숯도 많이 나와 있어 인테리어 아이템으로 인기가 있습니다.

풍수에서 중요한 **좌청룡**이란?

풍수적으로 가장 좋은 현관과 금전운, 애정운 등에 특화한 현관을 소개했습니다. 이들의 공통점은 좌청룡에 운기를 높여주는 아이템을 두는 것입니다. 그럼 좌청룡이란 무엇일까요?

좌청룡

좌청룡이란 방위적으로는 동쪽 수호신이지만 풍수에서는 엄밀히 말해 방위가 아닌 집의 좌측을 가리킵니다. 따라서 실내에서 문을 바라보고 좌측이 되는 것입니다. 청룡은 동서남북의 수호신인 사신수(四神獸) 중에서도 가장 인기 있고 운이 좋다고 합니다.

우백호
서쪽 수호신인 백호. 집의 우측을 가리킵니다.

남주작
남쪽 수호신인 주작. 집의 앞쪽을 가리킵니다.

북현무
북쪽 수호신인 현무. 집의 뒤쪽을 가리킵니다.

좌청룡에 신발장과 카운터가 없는 경우에는?

좌청룡에 운기를 높여주는 아이템을 두는 것을 풍수적으로 좋다고 여기지만 반대편인 우백호에 신발장과 카운터가 있는 경우도 많습니다. 그때는 어떻게 하면 좋을까요?

좌청룡에 카운터가 없어도 그림과 사진은 걸 수 있으므로 그것을 걸어 둡니다. 그림이나 사진을 걸어 둘 위치는 사람이 서 있는 상태에서 눈높이 정도가 좋습니다. 반대편인 우백호의 카운터에는 시계, 수조 등 활동적인 물건을 두지 말아야 합니다. 원래는 깔끔하게 아무것도 없는 것이 좋지만 백색 도자기로 된 물건 등 마음이 안정되는 것을 두는 것은 괜찮습니다.

제 **7** 장

복을 부르는
현관 개운 인테리어

현관에 개운 아이템과 식물 등을 두어 개운력을 향상시킵니다. 각각의 아이템 특성을 파악하여 개운 현관을 만드는 데 도움이 되도록 합시다.

인테리어 소품으로 운세를 더욱 향상시키자

> 행운 (운기) 을 부르는
> 5가지 아이템

풍수에서 행운은 현관으로 들어온다고 합니다. 그 밖에도 행운은 밝고 깨끗하고 좋은 향기가 나는 현관을 좋아합니다. 행운은 지저분하게 어지럽혀져 있고 청소도 하지 않아 어두운 음기를 내뿜는 현관으로는 다가오지 않습니다.

이 장에서는 행운을 부르는 현관의 포인트를 소개합니다. 특히 현관에 빠져서는 안 될 5가지 인테리어 아이템을 선별하는 방법과 배치하는 방법 등을 구체적으로 설명합니다. 약간의 인테리어로 행운이 넘치는 현관을 만들어 봐요.

❶ 식물

풍수에서 꽃과 관엽식물 등 생기 넘치는 것은 행운을 부르는 힘이 강하다고 합니다. 특히 여러 가지 색을 띤 화려한 꽃은 두는 것만으로 마음이 밝아집니다. 또, 관엽식물은 기를 정화시키고 음기가 모이지 않게 합니다.

❷ 장식품

최근 인기 있는 천연석은 강한 힘을 발휘하기 때문에 현관에 두면 효과를 볼 수 있습니다. 또, 나쁜 기가 들어오지 못하게 하는 것이 금속제 장식품입니다. 특히 추시계는 행운을 많이 부릅니다.

❸ 거울 , 그림 , 사진

풍수에서 큰 힘을 가진 행운의 아이템은 거울입니다. 단, 두는 장소에 따라서 역효과를 일으킬 수 있기 때문에 유의해서 체크(170쪽 참조)합니다. 그림과 사진도 행운을 부르는 중요한 아이템입니다. 현관의 인테리어와 맞는 크고 색감이 좋은 것을 고릅니다.

❹ 현관 매트 , 슬리퍼 , 구둣주걱

의외로 현관에서 가장 인상이 강한 것이 매트입니다. 집 주인의 품격을 나타내기 때문에 저렴한 것은 되도록 피합시다. 또, 슬리퍼는 나쁜 기를 흡수하므로 항상 깨끗하게 보관합시다.

❺ 아로마 , 소취제

어둡고 통풍이 잘 되지 않는 현관은 냄새와 나쁜 기가 모이기 쉬운 곳입니다. 소취제로 맑은 공기를 만들고 아로마로 기분 좋고 상쾌한 향기가 나도록 합시다.

식물

현관의 **이미지**를 밝게 **연출**하고 풍수 파워를 향상시키는 데는 **꽃**과 **관엽식물**이 제일!

생기 있는 꽃은 좋은 기를 끌어낸다

행운을 부르는 가장 좋은 방법은 꽃과 관엽식물을 두는 것입니다. 좋아하는 꽃이라면 무엇이든 좋지만 현관을 밝고 화사하게 만들어 줄 수 있는 것이 좋습니다. 또, 그 계절에 피는 꽃의 힘이 강하다고 합니다.

관엽식물은 기를 정화시키고 에너지가 나오게 한다

풍수에서 초목이 무성해지는 것은 생기가 왕성하고 좋은 기로 가득 찬다고 여깁니다.

현관에 관엽식물을 두어 에너지를 나오게 하여 좋은 기(행운)가 쉽게 들어오도록 합시다. 또, 관엽식물은 나쁜 기를 정화시키기 때문에 현관에 안성맞춤인 인테리어 아이템입니다.

꽃은 생화가 가장 좋고 조화는 힘을 반감시킨다

현관에 1년 내내 꽃을 둔다는 것이 생각만큼 쉽지 않습니다. 가꾸기도 힘들고 돈도 많이 들지요. 그래서 드라이 플라워와 조화를 두는 사람이 있습니다만 생화에 비해 힘이 반감됩니다. 드라이 플라워는 1/2의 힘, 조화는 1/4의 힘밖에 내지 못합니다. 그래도 꽃을 두지 않는 것보다는 이런 꽃이라도 두는 편이 더 효과적입니다.

단, 드라이 플라워 등은 오래 보관할 수 있는 만큼 먼지가 쌓이기 쉽기 때문에 꾸준히 청소해주세요.

짜증이 날 때는
화분에 꽃을 심자

생화를 자른 꽃과 화분에 꽃을 심은 것은 똑같은 효과를 볼 수 있습니다. 흙은 그곳에 있는 것만으로도 그 공간을 안정시켜 줍니다. 예를 들면, 짜증이 날 때 화분에 꽃을 심어 현관에 둡니다. 흙의 기가 심신을 안정시켜주고 짜증을 억누릅니다.

창문이 있어 햇빛이 비치는
현관에 꽃을 두면 힘은 두 배로 UP!

밝은 현관은 행운을 부르는 열쇠입니다. 밝은 환경에 꽃을 두면 행운을 끌어내는 효과가 배로 증가합니다.

만약 양달이지만 창문이 없는 현관은 조명으로 대신합니다. 꽃과 관엽식물을 밝게 비추면 식물도 생기 있어지고 한층 더 운기를 부르는 힘이 커집니다.

> **Q** 물건을 둘 장소가 없을 때는 어떻게 하는 것이 좋을까요?
>
> **A** 현관을 될 수 있는 한 넓게 사용하기 위해 공간을 절약할 수 있는 코너 테이블 등을 두는 것을 추천합니다. 이 경우 적은 공간을 잘 활용해서 운수에 좋은 소품을 깔끔하게 정돈해주세요. 너무 많이 장식해서 지저분해지지 않도록 주의하세요.

현관에서 일직선으로 베란다가
있을 때는 중간에 한 번 더
관엽식물을 놓자

현관에서 일직선으로 베란다가 있으면 풍수에서는 재물이 빠져나가는 집이라 하여 좋지 않게 생각합니다. 이때는 복도 중간에 관엽식물을 두어 기가 빠져나가지 않도록 하는 것이 요령입니다. 관엽식물 대신 발을 다는 것도 효과가 있습니다.

애정운을 향상시키는 방법

도화위(桃花位)로 바로 실천!

◆도화위란?◆

도화위란 풍수에서 애정운을 향상시켜주는 가장 중요한 방위입니다. 태어난 띠(예 : 용띠, 쥐띠 등)마다 도화위가 따로 있으므로, 그 방위를 언제나 깨끗하게 청소하고 예쁜 꽃을 꽂아둡니다.

꽃은 달콤한 향기가 나는 장미, 백합, 난 등을 추천하나, 기본적으로 좋아하는 꽃이라면 무엇이든 좋고 물을 가득 넣은 꽃병에 꽂아둡니다. 마음만 먹으면 멋진 만남과 사랑하는 사람이 바로 그곳에 당신을 기다리고 있을지도 모릅니다.

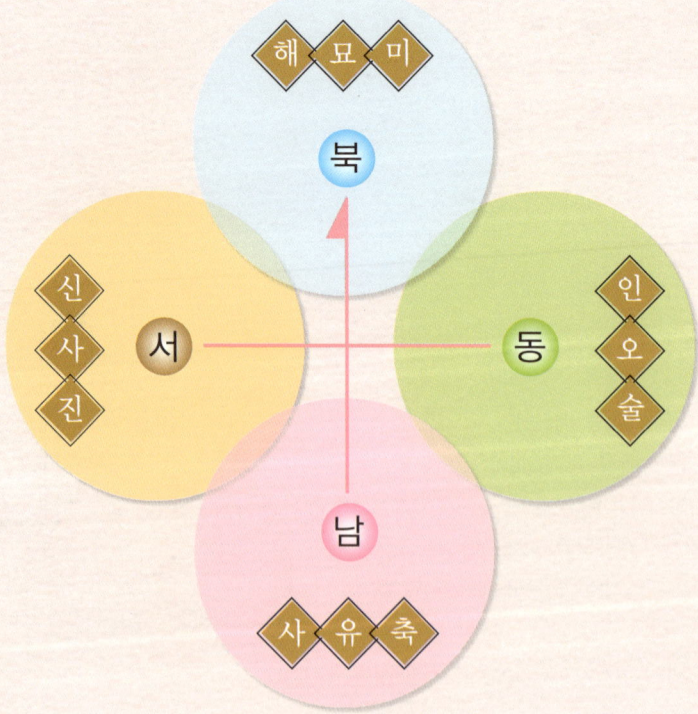

혹시 우리 집 현관이 이렇지 않나요?

현관에 잎이 뾰족한 것은 두지 말 것!

운기를 부르는 힘이 넘치는 식물이라고 무엇이든 다 좋은 것은 아닙니다. 예를 들면, 현관에 가시가 있는 선인장과 잎 끝이 뾰족한 식물을 두는 것은 좋지 않으므로 주의하세요.

시든 꽃을 신발장 위에 두지 말자!

현관에 항상 꽃을 두는 것은 매우 힘든 일입니다. 꾸준히 물을 갈아주고 될 수 있는 한 오랫동안 돌볼 수 있도록 관리합시다. 혹시 꽃이 시들면 되도록 빨리 치우세요. 시든 채로 방치해두는 것은 절대 안 됩니다. 언제까지고 시들어버린 꽃병을 두는 것도 있을 수 없는 일입니다. 빨리 새로운 꽃으로 바꿔주세요.

눈높이보다 높은 큰 인테리어는 두지 않기!

현관은 넓고 깔끔해야 기의 흐름이 원활해집니다. 이때 인테리어 소품은 너무 이것저것 두지 말고 깔끔하게 정리해둡니다. 또, 한 가지 중요한 것이 있습니다. 그것은 눈높이보다 높은 큰 인테리어 소품을 두지 않는 것입니다. 예를 들면, 자기 키보다 큰 관엽식물과 거울 등은 오히려 압박감을 줍니다. 현관의 넓이와 균형을 생각해서 물건을 둡시다.

현관에 자전거 등 움직이는 것을 두지 않기!

최근에는 멋진 자전거를 많이 볼 수 있습니다. 그 때문인지 자전거를 밖이 아닌 현관에 보관하는 사람들이 늘고 있습니다. 단, 풍수적으로는 기가 흐르는 통로인 현관에 자전거를 두는 것은 좋지 않습니다. 둘 장소가 없어 현관에 둘 수밖에 없을 때는 커버 등을 씌워 보이지 않도록 합니다.

장식품

보일 듯 말듯 한 소품으로 멋지게 연출하면서 운기도 얻습니다

천연석의 힘으로 운기도 상승

풍수에서 천연소재는 강한 힘을 발휘한다고 합니다. 그중에서도 천연석의 효과는 놀라울 정도로 좋은 기를 많이 흡수하기 때문에 현관 소품으로 특히 추천하는 아이템입니다.

예로부터 각각의 천연석에는 에너지라는 의미가 담겨 있습니다. 상황에 따라 바라는 소원을 담아 천연석을 고르는 것도 좋습니다.

추시계로 행운의 기를 부르자

현관에 추시계를 두면 기의 흐름이 활발해져 좋은 기가 현관 입구로 원활하게 들어옵니다.

특히 금속제나 목제 시계를 추천하고 추시계는 나쁜 기가 들어오지 못하게 막아줍니다.

행운을 부르는 풍수 물건

풍수에서는 예로부터 행운을 불러들이기 위해 '용', '기린', '봉황', '거북이', '두꺼비'를 귀중하게 여기고 있습니다. 이것을 행운의 입구인 현관에 두어 운기를 적극적으로 흡수합니다. 단 주변 인테리어와 균형을 생각해서 놓아두세요.

기린

평화를 상징하는 기린을 두어 가정의 평온과 행복을 기원합니다. 또, 건강운과 자식 복에도 효과가 있다고 합니다. 현관 쪽으로 얼굴을 향하게 두면 더욱 효과적입니다.

봉황

봉황은 예술과 예능을 상징하고 예능과 예술 면에서 명예를 높이고 싶을 때 두면 효과가 있다고 합니다. 또, 아이디어와 기획력을 향상시키고 싶을 때도 장식해 둡시다.

금속제 장식품은 나쁜 기를 차단한다

금속제 장식품은 나쁜 기를 차단하고 좋은 기만 집 안으로 불러들입니다. 그중에 특히 금은 최고의 힘을 발휘합니다.

조명은 태양의 역할을 하므로 어두운 현관에 두어 양기를 얻자

행운의 기는 어두운 현관을 좋아하지 않습니다. 현관이 어둡다고 생각되면 과감하게 밝은 조명기구(또는 밝은 전구)로 바꿉니다. 쉽게 바꿀 수 없는 경우에는 신발장 위에 스탠드(조명)를 두고 커버등을 씌워 간접적으로 밝게 합니다.

인형 장식품은 도자기나 유리로 된 제품이나 목제를 추천

인형은 한눈에 띄는 커다란 존재이고 인형의 이미지가 현관을 인상에 남게 해주는 경우도 있습니다. 따라서 현관에 두는 인형은 도자기나 유리로 된 제품 또는 목제로 된 것을 추천합니다. 인형은 운을 불러들이는 힘이 강하다고 합니다. 중요한 점은 장식품에 먼지가 쌓이지 않게 하기 위해 그때그때 청소하는 것입니다.

* 용 *

행운의 상징인 용은 예로부터 황제처럼 높은 격의 상징이었습니다. 집의 동쪽 방향이나 현관문을 바라보고 좌측에 두는 것이 좋습니다. 잔에 물을 넣어 용 앞에 두는 것도 좋습니다.

* 거북이 *

장수를 상징하고 우리에게 익숙한 거북이. 물론 풍수에서도 장수를 소망하는 의미를 담고 있습니다. 또, 거북이의 등껍데기가 사기를 없앤다고 하니 현관에 두기에 가장 적당합니다.

* 삼족 두꺼비 *

삼족 두꺼비는 재물운을 상징하고 입으로 돈을 내뱉는다고 합니다. 삼족 두꺼비 얼굴을 방 안으로 향하게 두어 돈이 안(집)으로 들어와 밖으로 나가지 못하도록 합시다.

거울, 그림, 사진 등

밝고 깨끗하게 정돈해두는 것과 넓이를 맞춘 크기가 가장 중요합니다

거울의 크기와 형태, 어디에 두는 지에 따라 운과 불운도 바뀐다

거울은 풍수의 필수 아이템입니다만 너무 작은 것은 피하고 알맞은 크기의 각이 없는 둥근 것을 둡니다. 문을 바라보고 우측은 우백호라 하여 사고를 일으키거나 좋지 않은 소문의 원인을 만들지도 모릅니다. 거울은 문을 바라보고 좌측에 두어 운기의 기를 거울의 빛으로 집 깊숙이까지 닿게 하면 재물운이 향상됩니다.

● **좌측이 포인트**
풍수에서 좌측은 좌청룡이라 하여 행운의 장소라고 합니다.

거울은 넓이와 균형이 맞고 산뜻한 것으로 고른다

현관에 어울리지 않는 호화스런 액자에 그림을 거는 것은 주인의 품격과 교양, 지성이 드러나기 때문에 좋지 않습니다.

밝은 풍경화와 꽃, 싱싱한 과일 그림 등 마음이 온화해질 수 있는 것으로 고릅니다.

현관으로 들어오는 기를 건강하게 하는 도구이므로 밝고 활력 있고 산뜻한 것도 좋습니다. 또, 손님에게 부담이 없는 것으로 골라야 합니다.

 현관에 전신 거울이 있어요?

 지나치게 큰 거울과 현관 정면에 있는 전신거울은 금물!

거울은 먼저 들어오는 운기를 반사시켜 다시 내보내 손님이 현관문을 열었을 때 거울 때문에 기가 꺾일 수 있습니다.

모처럼 온 손님을 기분 좋게 접대하여 보다 좋은 관계를 맺을 수 있기에 중요합니다.

 여행지에서 구입한 기념엽서와 작은 그림을 현관에 두어도 됩니까?

 추억의 그림과 기념엽서는 어수선하지 않은 귀여운 스탠드 액자에 넣어 현관 정면은 피하고 될 수 있는 한 문을 바라보고 좌측 신발장 위에 두거나 깔끔한 액자에 넣어 벽에 걸어 둡니다. 액자를 걸 때는 균형 있게 나란히 걸거나 마주보도록 걸어 둡니다. 아무쪼록 액자를 너무 제각각으로 걸지 않는 것이 요령입니다.

 **붉게 물든 산 풍경 사진이 운수가 좋다고 하는데 무슨 기준으로 그림이나 사진을 고르면 좋습니까?**

대개 빨간색은 풍어기와 같이 건강하고 축하할 때 사용하는 색입니다. 그 외에 '흰색', '노란색', '금색' 등 기를 향상시켜 주는 색채가 좋습니다. 분홍색이나 깨끗한 녹색, 밝은 아이보리색 등 화사하고 산뜻한 색도 활력을 증폭시킵니다.

 아이가 학교에서 그려 온 그림. 미숙하고 잘 그리지 못했지만 현관에 걸어 두어도 됩니까?

매우 좋지요. 아이가 있는 가정의 밝음과 온화함, 애정까지 나와 방문한 사람의 마음을 즐겁게 하고 기를 얻을 수 있습니다. 잘 그리든 못 그리든 그것이 문제가 아니라 그림에 기력이 담겨 있어 운기가 발전할 수 있는지가 문제입니다. 아이의 그림에는 힘이 숨겨져 있습니다.

 풍수에서는 팔각형 거울이 좋다고 들었는데 그게 아니면 안 됩니까?

꼭 그렇지는 않습니다. 중요한 건 될 수 있는 한 각이 없는 둥근 것과 타원형의 거울이 더욱 효과가 좋다는 것입니다. 거울은 기가 집으로 들어오는 것을 도와주는 즉, 기를 안으로 들여보내는 역할을 해주므로 항상 깨끗하게 두어야 합니다.

사진은 크기와 색채의 균형, 테마로 고른다

가령 흑백사진으로 약간 어둡더라도 고대 불상, 도예 등이 있는 것만으로도 위엄과 기품이 느껴지는 것이라면 크기에 따라 다르지만 현관에 격을 더해 멋있어집니다. 일반적으로 밝은 풍경(특히 바다 등의 산뜻한 것)과 아이들이 즐거워하는 소리가 들려오는 듯한 사진, 싱싱하게 생명력이 넘친 꽃 등 예쁜 것으로 합니다.

현관 매트, 슬리퍼, 구둣주걱 등

매트와 **슬리퍼** 등은 바깥에서 들어오는 나쁜 기를 막아주거나 **흡수**하여 집을 **지켜줍니다**

현관 매트로 집주인의 격을 알 수 있다

현관 매트는 집 안과 밖을 나누는 경계입니다. 즉, 손님이 구두를 벗고 안으로 들어올 때 처음 밟는 곳이 매트입니다. 그때 매트의 인상이 중요합니다. 밖에서 들어온 운기를 정화시키고 활기를 집 안으로 불러들임으로써 밝고 품격 있게 만들고, 그것으로 주인의 격을 알게 됩니다. 될 수 있는 한 천연소재인 실크와 솜으로 된 것을 삽니다. 또, 밝은 꽃무늬 등 털이 짧은 것을 고릅니다.

슬리퍼는 계절마다 항상 청결하고 깨끗하게 놓아두자

항상 슬리퍼 선반에 정리정돈 해두는 것은 물론 계절마다 두꺼운 것과 얇은 것, 색깔과 소재를 계절에 맞게 나눠둡니다.

슬리퍼는 매트와 똑같이 땀과 함께 좋은 기든 나쁜 기든 바깥의 기를 흡수하기 때문에 슬리퍼가 청결하고 깨끗하다면 흡수되는 기도 청결하고 맑고 깨끗해져 기에 힘이 생깁니다.

밝고 뚜렷한 색깔과 귀여운 꽃무늬 등이 가장 무난합니다.

 손님 슬리퍼도 따로 준비해야 하나요?

 네, 그렇습니다. 보통 가정용과 손님용은 나눠 준비해두고 가족들 슬리퍼도 실제 인원보다 조금 많게 준비해두면 가족 간 커뮤니케이션도 잘 되고, 손님용이라도 만일의 경우 도움이 되어 인간관계도 좋아질 수 있습니다. 인간관계로 사랑과 결혼운이 정해질 뿐만 아니라 사업운과 재물운에도 크게 영향을 주므로 주의해야 합니다.

 현관에 벽이 없고 원목 마룻바닥에 턱이 없습니다. 다른 기는 어떻게 되나요?

 최근 유행하고 있는 벽이 없는 것과 현관이 트인 것은 문제가 있습니다. 트여 있는 것은 좋은 기가 위로 다 빠져나가 버리기 때문에 주의해야 합니다. 벽이 없어 막는 것이 없기 때문에 바깥 먼지와 함께 나쁜 운기가 들어옵니다. 여기에서 매트와 슬리퍼가 큰 작용을 합니다. 밝은색의 매트를 입구에 깔아 두면

일단 먼지를 막아 안으로 들어가지 못하게 하고 준비한 슬리퍼를 신고 있으면 나쁜 기도 흡수해 청결한 생활을 할 수 있습니다. 즉, 악운은 들어올 수 없습니다.

현관이 지저분하면 안 된다고 자주 듣습니다만 슬리퍼를 막 벗어둔 채로 두게 됩니다. 풍수에서는 어떻게 해결합니까?

자주 볼 수 있는 광경으로 슬리퍼를 바닥 한 구석에 정리해두거나 신발장에 넣어두어야 됩니다. 깨끗하게 잘 정돈되어 있으면 좋습니다만 대부분의 가정에서는 슬리퍼를 막 벗어둔 채로 둡니다. 신발장에 넣어두면 신발장 특유의 냄새가 슬리퍼에 배거나 먼지가 묻게 됩니다.

이때는 등나무로 만든 수납 바구니나 목제로 된 슬리퍼걸이와 선반에 그때그때 넣어두도록 합니다. 그것은 슬리퍼에 흡수된 땀을 없애기 위해 **통풍을** 하는 의미도 있고 청결하게 보관할 수 있기 때문에 딱 보기에도 살고 있는 사람의 마음씨와 분위기를 일 수 있이 신뢰성이 생깁니다. 행운도 그런 사람들에게 생깁니다.

구둣주걱은 눈에 띄지 않는 곳에 두자

일반 가정에서 보통 구둣주걱은 어디에 두나요? 지정된 장소도 없고 선반 위에 놓여있거나 한쪽 구석에 사용한 채로 내팽개쳐져 있습니다. 구둣주걱 보관함이 있는 가정은 좀처럼 찾아볼 수 없습니다. 제안을 하나 하겠습니다. 신발은 오래되면 버리고, 계절에 따라 바꾸며, 습기를 없앤 후 보관합니다. 그리고 구둣주걱은 저가 상품점에서 산 플라스틱 제품이 아닌 목제나 대나무로 된 것을 삽니다. 구둣주걱의 온기가 다릅니다. 구둣주걱은 앞으로 밖으로 외출할 사람에게 힘을 북돋아 주는 듯한 기분이 듭니다. 구둣주걱을 상자나 항아리 등 오래된 것에 넣어두어도 좋습니다. 평소의 그런 마음가짐이 그 사람에게 행운을 가져다 줄 것입니다.

아로마, 소취제 등

옛날에 향기를
약으로 사용해왔던 것과 같이
기(氣)를 높여줍니다

좋아하는 향기로 인연을 강하게 한다

허브나 아로마는 이미 의료 효과가 인정되었고 좋아하는 향기라면 더욱 효과가 좋습니다. 현관은 바깥 향기와 집 안의 향기가 섞이기 쉬운 장소입니다. 그런 만큼 좋은 향기는 현관의 기를 높이거나 깨끗하게 해줍니다. 특히 문을 연 순간 잔잔하게 떠다니는 좋은 향기는 사람의 마음을 온화하게 해주고 용기를 북돋아 줍니다.

꽃꽂이 하듯이 꽂아 장식해보면 어떨까요? 숯은 음이온을 발생시켜 기를 활발하게 하거나 정화시켜 줍니다. 즉, 공기 정화기의 역할도 합니다.

숯을 꽃병이나 그릇에 담아 행운이 쉽게 들어올 수 있도록 환경을 바꿔봅니다.

 현관이 북쪽에 있어서 통풍이 잘 되지 않아 냄새가 좀처럼 빠지지 않아요.

 비가 계속 내리면 갑자기 이상한 냄새가 납니다. 하루 종일 불쾌해요.

 나쁜 기가 들어올 위험 신호입니다! 얼굴을 찡그리고 있거나 기분이 안 좋으면 행운의 여신이 오기는커녕 악운이 몸과 마음에 달라붙습니다.

 현관에 바람이 잘 통하면 좋은 향기가 흐르게 되고, 좋은 향기는 이미지를 바꾸는 효과가 있습니다. 사람에게 주는 인상도 싹 바뀌고 향기를 연출하는 것만으로 살고 있는 사람의 마음을 전할 수 있고, 고상한 분위기까지 자아냅니다. 먼저 왕성한 기가 좋아하는 그윽하고 부드러운 고상한 향기가 나게 합니다. 예를 들면, 천연석에 아로마 오일을 떨어뜨리면 손님 코를 간지럽히며 멋진 분위기를 연출할 수 있습니다. 향을 피우는 마음과 같은 기분도 맛볼 수 있고 운기가 나와 행운을 불러들입니다.

숯은 냄새를 제거하는 동시에 장식용으로 사용한다

숯에는 냄새를 제거하는 힘이 있습니다. 숯의 밀도가 높은 무수한 구멍이 냄새를 강력하게 흡수해줍니다. 신발장 안이나 대접에 숯을

아직 더 남은 '현관 개운 인테리어' Q&A

현관을 꾸미거나 장식할 수 있는 소도구를 잘 이용하면 운기도 불러들이고 활성화시켜 운을 향상시켜줍니다.

Q 비치품을 놓으려는데 옛 나무 문양의 중후한 느낌이라서 어떻게 해도 밝고 생기가 넘치는 분위기를 만들 수가 없어요. 이럴 때는 어떻게 하면 좋을까요?

A 신발장과 비치품 선반 등에 노란색이나 분홍색, 녹색 등 레이스가 달린 테이블보로 덮거나 가리면 집 안이 좋은 기로 왕성해지고 활발한 기로 가득 차게 됩니다. 인테리어에서 가장 중요한 것은 그곳에 자신이 살고 있기 때문에 금방 질리기 쉬운 것들로 장식하지 않아야 합니다. 편안하고 피곤도 날려 보낼 수 있는 징소로 만들어야 합니다. 따라서 좋아하는 집, 좋아하는 인테리어로 둘러싸인 생활을 하는 것이 중요합니다. 풍수의 기도 살고 있는 사람의 마음이 환하고 활기차면 힘이 더욱 증가합니다.

Q 벽지가 오래되었거나 지저분하다면?

A 바로 화사한 색의 벽지로 바꿔야 합니다. 베이지, 연분홍색, 흰색 등 기에 활력을 줄 수 있는 젊은 생명력 있는 색깔로 합니다. 갈색이나 짙은 색의 타일 등은 그림이나 일러스트로 보이지 않게 하거나 화사한 무늬와 색깔 있는 발이나 스크린으로 덮습니다.

벽에 큰 꽃병을 놓아 항상 꽃을 가득 꽂아두면 호화로운 듯한 느낌이 들어 살고 있는 사람의 마음도 들떠 행복해집니다. 현관은 행운이 들어오는 통로입니다. 항상 깨끗하고 밝은 통로로 만들어 행운이 쉽게 들어올 수 있도록 합시다.

Q 문 주위의 먼지와 비품에 주의해야 할 점은?

A 현관이 북쪽에 있다면 기본적으로 항상 청소하고 정돈해 두어야 합니다. 어둡고 빛이 닿지 않는 곳이므로 될 수 있는 한 쾌적한 환경을 만듭니다. 예를 들면, 문 손잡이 등에 묻은 손때와 초인종, 문, 문패 등을 항상 닦아 둡니다. 바닥 청소는 물론 시계와 액자 등의 청소와 안 신는 신발은 꺼내두지 않는 것 등이 기본입니다.

Q 현관 인테리어로 어항과 수조를 두는 것은 금전운에 좋다고 하는데 정말인가요?

A 확실히 현관에 물과 관련된 물건을 두면 강하고 좋은 기를 흡수해 운수도 좋다는 말이 있습니다. 그러나 풍수에서는 좋은 기와 동시에 나쁜 기도 흡수하기 때문에 자신의 운이 어느 쪽을 향해 있는지 판단해야 합니다. 어항이나 물기는 문의 대각선상에 있으면 좋습니다만 역시 좋은 일이 계속 일어나려면 항상 물을 깨끗이 갈아 기를 정화시켜야 합니다. 물이 고여 더러워지면 나쁜 기로 가득 차게 됩니다. 좋지 않은 일이 계속 일어날 때는 치워버립시다.

Q 문패의 재료와 서체에는 운기가 좋은 것과 안 좋은 것이 있다고 들었습니다만 정말 그렇습니까?

A 인감과 같이 '개운 문패'라는 말을 자주 듣는데 풍수상 말해둘 것은 문패와 문자가 빠져있거나 지저분해진다고 쪽지에 궁상스럽게 겨우 알아볼 수 있을 정도로 이름만 쓰는 것은 좋지 않습니다. 기본적으로는 자연 재료인 흰나무 문패에 먹으로 묵흔이 선명하게 나타나도록 쓰는 것이 가장 좋습니다. 금속판보다 도자기로 된 것이 더 자연소재이기 때문에 좋지만 나무와 달리 도자기는 차가운 느낌이 들어 조금 친근한 기가 다가오기가 사실 어렵습니다. 평범하더라도 나무로 된 문패에 굵은 글씨로 또렷하게 이름을 쓰면 행운이 쉽게 다가올 수 있습니다.

Q 아파트나 빌라에서는 현관이 어둡더라도 마음대로 조명을 바꿀 수 없습니다. 어두운 현관을 어떻게 하는 것이 좋습니까?

A 어두운 현관과 좁고 답답한 현관은 피해야 할 점입니다만 어쩔 수 없는 경우에는 상담을 해서 조명을 밝게 바꾸든지 직접 조명기구를 늘리든지 합니다.

조명기구도 다른 인테리어와 똑같이 각진 것이 아닌 둥근 것으로 하면 운기가 상승합니다. 최근에는 사람을 감지하는 센서가 달린 스탠드도 많이 있으므로 현관을 밝게 만들도록 합니다.

Q 우산꽂이는 흔히 바깥에 두라고 하는데 연립주택이기 때문에 그렇게 할 수가 없어요. 좁은 현관에 둘 수 있는 좋은 방법은 없습니까?

A 기본적으로 현관에는 물에 젖은 우산과 우산꽂이는 두지 않는 것이 원칙입니다. 출입구에 방해가 되지 않는 우측에 둡니다. 문을 열고 닫을 때 우산을 가져가기 쉽기 때문입니다. 단, 아파트 등에서는 공동으로 사용하는 복도에 놓아둘 수 없기 때문에 현관에서 안으로 들어가는 입구에서 먼 문 구석에 우산을 세워둡니다. 이때 우산에 묻은 물방울을 털어내어 아무쪼록 우산꽂이에 물이 고이지 않도록 합니다. 젖어 있으면 행운도 도망가 버립니다.

Q 문 바로 옆에 화장실 문과 세면대가 있습니다

A 손님이 그 사람의 소양을 의심하게 됩니다. 그것은 반가운 이야기도 들을 수 없다는 것으로 사람들은 보고 싶지 않은 것이나 싫은 것이 있으면 다른 곳으로 눈을 돌리기 때문입니다.

차폐물(遮蔽物)로 완전히 숨겨버리면 모처럼 들어온 좋은 기도 집 안으로 들어올 수 없게 됩니다. 그러나 발과 관엽식물이라면 아랫부분과 구석을 통해 기는 흘러갑니다. 어쨌든 벽을 만들지 않는 것이 중요합니다.

Q 물건을 어지럽히지 않는 좋은 방법은 무엇인가요?

A 신발장 위와 장식장 선반에 열쇠와 인감, 영수증 등이 아무렇게나 놓여있는 것을 자주 봅니다. 그런 칠칠치 못한 행동 때문에 눈앞에 있는 행운을 놓치게 되는 것입니다. 행운은 멍하니 있으면 묵묵히 지나가 버립니다.

신발장에 작은 열쇠나 인감을 넣는 상자를 준비해두거나 금속과 도자기로 된 멋진 작은 상자에 넣어두어 항상 꺼낼 수 있도록 합니다. 상자는 인테리어 효과가 있는 금속이 좋습니다.

현관 풍수 기본 상식으로 전체운, 금전운, 애정운 등을 향상시키기자!

 풍수 인테리어 적용을 위한 Q & A
~각 방의 운기편~

 애정운을 상승시키는 도화위(桃花位). 다음 중 이곳에 두면 좋은 것은 무엇인가?
 ① 꽃을 꽂은 꽃병
 ② 헤어진 남자친구의 사진
 ③ 침대

도화위를 깨끗하게 청소하고 꽃으로 장식해두면 분명 멋진 만남이 있을 것입니다. 침대는 도화위가 아닌 재물을 불러들이는 위치에 둘 것.

 다음 중 꽃을 둘 때 주의해야 할 점은?
 ① 꽃은 시들기 때문에 조화를 둔다.
 ② 꽃이 시들면 꽃병도 치운다.
 ③ 꽃이 시들어도 그대로 둔다.

시든 꽃을 그냥 두어서는 절대 안 됩니다. 꽃이 없다면 꽃병도 치웁니다.

 다음 중 꽃을 건조시켜 오래 장식할 수 있는 드라이 플라워에 대한 설명으로 옳은 것은?

❶ 드라이 플라워는 시든 꽃이므로 두어서는 안 된다.
❷ 두어도 좋지만 생화보다 효과는 떨어진다.
❸ 생화보다 풍수적 효과가 있다.

풍수에서 드라이 플라워가 좋지 않은 것은 아닙니다. 그러나 생화에 비하면 풍수적 효과가 조금 떨어집니다. 중국풍수에서는 ❶이 정답.

 다음 중 현관에 놓아둘 시계로 특히 추천하는 것은?

❶ 캐릭터 시계
❷ 추시계
❸ 자명종 시계

현관에 금속성이고 추가 달린 시계를 두면 기의 흐름이 활발해져 좋은 기가 들어오게 됩니다.

 다음 중 현관의 밝기에 대한 설명으로 옳지 않은 것은?

❶ 간접조명만으로 조금 어둡게 연출한다.
❷ 전구의 와트 수를 늘려 밝게 한다.
❸ 전구를 바꿀 수 없기 때문에 스탠드를 추가한다.

현관은 전구를 갈아 되도록 밝게 만듭니다. 밝고 청결한 현관에는 행복이 날아옵니다.

 상황에 따라 여러 가지 효과가 있는 천연석 중 애정운을 향상시키는데 좋은 천연석은?

❶ 검은색이 인상적인 오닉스
❷ 고양이 눈이 별명인 호안석
❸ 분홍색 돌의 대표인 로즈수정

애정운에 효과가 가장 좋은 것은 로즈수정입니다. 오닉스는 이성(理性)을 심어주고, 호안석은 금전운을 향상시킨다고 합니다.

 다음 중 마음을 평온하게 해주는 아로마 향은?

❶ 페퍼민트
❷ 라벤더
❸ 카모마일

라벤더와 카모마일은 치유 효과가 뛰어납니다. 페퍼민트는 오히려 기분을 상쾌하게 해주는 효과가 있습니다.

 다음 중 겉모습도 늠름한 풍수 물건의 모티브인 호랑이는 어디에 두는 것이 좋을까?

❶ 현관에 둔다.
❷ 오른손 방향. 이른바 우백호
❸ 집 뒤쪽에 둔다.

호랑이는 현관에 두면 효과적이다. 우백호(우측)라 불리는 방향에 두는 것도 좋다.

186

 다음 중 돈을 모으는 것과 관계없는 물건은?
① 힘이 강한 비휴
② 전 세계에서 사랑받고 있는 거북이
③ 수집가가 많은 삼족 두꺼비

거북이는 장수를 상징하는 행운의 아이템입니다. 삼족 두꺼비는 집 안쪽을 향하게 둡니다. 바깥쪽을 향하게 두면 거꾸로 돈이 도망간다고 합니다.

 정답 ②

 다음 중 현관이 흉방위인 경우 나쁜 기운을 털어내기 위해서 해야 할 일은?
① 예쁜 꽃을 둔다.
② 출입구 정면에 거울을 둔다.
③ 현관 매트와 문의 색깔을 자신에게 맞는 색으로 바꾼다.

현관 매트와 문의 색깔을 자신에게 맞는 색깔로 바꾸면 흉상이 약해집니다. 단, 현관 정면에 있는 거울은 절대 금물.

 정답 ①③

 다음 중 현관에 두면 좋은 것은?
① 마음에 쏙 드는 자전거
② 그림과 사진
③ 유모차

그림과 사진을 현관에 두면 행운이 들어옵니다. 하지만 자전거나 유모차 등 움직이는 것을 현관에 두는 것은 금물!

 정답 ②

풍수에서 중요한 집의 3가지 요소

풍수에서 집의 좋고 나쁨을 판단할 때 이 3가지 장소만 보면 그 집의 길흉을 대충 알 수 있다고 합니다.
그곳은 '현관', '부엌', '침실'입니다.

현관

현관은 기가 들어오는 입구로 풍수에서 가장 중요한 장소입니다. 어둡고 좁고 지저분한 현관으로 좋은 기는 들어오지 않습니다. 항상 밝고 청결하게 유지하여 좋은 기가 집 안으로 많이 들어올 수 있도록 합시다.

부엌

풍수에서 왜 부엌이 중요한 장소인가 하면 음식을 하는 장소이고 그곳에는 반드시 불이 있기 때문입니다. 불은 기를 혼란시키기 쉬운 성질이 있기 때문에 주의해야 합니다.

침실

침실은 잠을 자는 곳이고 재충전하는 중요한 장소입니다. 또, 침실에 있는 시간이 다른 방에 있는 시간에 비해 길기 때문에 중요한 장소라고 합니다. 침실에서 침대를 두는 옳은 위치는 90쪽을 참조하세요.

제 **8** 장

길운을 부르는 현관 인테리어

풍수는 악운을 떨쳐내어 길운을 부릅니다. 현관에 붙기 쉬운 액에는 어떤 것이 있을까요? 기의 흐름을 알면 액운도 컨트롤할 수 있습니다.

일상에서 간과하기 쉬운 것에 주의!

먼저 현관에서 털어내자

> 당신의 집 현관은 길운을
> 되돌려 보내고 있지 않는가?

현관은 기가 들어오는 입구이기 때문에 현관이 아름다우면 집 안으로 좋은 기가 들어옵니다. 현관은 기가 잠시 머무는 곳이라 할 정도로 중요한 곳입니다.

그러나 현관은 먼지는 물론 골프 가방과 택배 박스 등 짐이 쌓이기 쉬운 곳입니다. 그 결과 점점 지저분해지기 때문에 그것을 더 이상 방치하는 것은 위험합니다.

특히 그중에서도 내다버리기 전인 쓰레기, 더러워진 현관 매트, 지저분한 신발은 더 주의해야 합니다. 딱 보기에도 지저분하기 때문에 풍수적으로 좋지 않습니다. 평소에 아무렇지 않게 보는 것인데 왜 그렇게 주의해야 할까요?

그것은 쓰레기와 더러워진 현관 매트, 지저분한 신발이 집으로 들어오는 좋은 기와 나쁜 기를 흡수해버리기 때문입니다. 나쁜 기를 흡수한 쓰레기와 현관 매트의 영향으로 방으로 들어오는 좋은 기와 나쁜 기의 균형이 무너지기 때문에 집에 있는 좋은 기가 산만해져 나쁜 기만 흘러들어 오게 됩니다. 그 결과 집 안이 나쁜 기로 충만해집니다.

나쁜 기가 충만하면 금전운, 사업운, 애정운 등 온갖 운기가 점점 내려갑니다. 가난과 실업, 병과 상처, 애인과 이별, 가정불화 등 최악의 상태가 될 수도 있습니다.

현관에 있는 3대 오점의 정체!

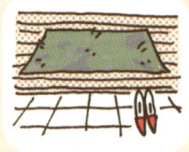

지저분한 현관 매트
외부에서 들어온 먼지를 털어낼 수 없는 것은 치명적입니다. 매트는 적어도 한 달에 한 번씩은 닦아줍니다.

지저분한 구두
운동화 등 신발은 금세 더러워집니다. 아이가 있는 경우에는 한 달에 한 번은 세탁합니다.

쓰레기
쓰레기를 내다버리기 하루 전부터 쓰레기를 현관에 내놓는 것은 좋지 않습니다.

현관 주변에 있는 액의 정체를 알면 간단하게 털어낼 수 있다

액운을 피하려면 그때그때 청소하여 현관을 청결하게 유지하는 것이 제일 좋습니다. 당연히 쓰레기와 낡은 신발도 버리고, 매트는 한 달에 한 번씩 닦아줍니다. 또, 청소를 끝내면 숯과 식물로 현관을 장식하는 것도 추천합니다. 이것들은 나쁜 기를 흡수시킵니다.

다음 페이지에서는 현관에 두면 좋지 않은 풍수적 사례집을 게재했습니다. 이곳에 쓰여있는 사례는 대액(大厄), 중액(中厄), 소액(小厄)으로 나뉘어져 있습니다. 대액으로 분류되어 있는 것은 바로 대처해야 합니다. 물론 중액으로 분류되어 있는 것에도 주의해야 하고 소액이라 하여 방심해서는 안 됩니다. 제대로 청소하고 대처하여 액을 털어내면 운기는 상승합니다. 액을 털어내어 나쁜 기를 온화하게 해서 가정에는 좋은 운기만 들어오게 합시다.

식물과 숯 이 2가지 아이템이 현관을 구한다!

현관에는 관엽식물 두기

예쁜 관엽식물을 놓아둔다면 현관 카운터, 신발장 위 등에 두는 것을 추천합니다. 현관문을 바라보고 좌측에 관엽식물이 있는 것이 가장 좋습니다. 관엽식물이 이산화탄소와 함께 나쁜 기까지 흡수하여 좋은 기만 흐르게 합니다.

관엽식물

숯을 사용해 나쁜 기 흡수!

식물 이외에는 숯을 두는 것이 좋습니다. 숯은 접시에 두거나 바구니에 넣어두어 장식하면 아름답고 나쁜 기를 흡수하는 역할을 합니다. 그렇게 하면 집 안이 좋은 기로 가득 차게 됩니다.

숯

현관의 액과 액막이 방법

 현관에 골프 가방이 있다

 바로 정리합니다. 정리할 수 없다면 수납장에 넣어둡니다.

골프채나 골프 가방과 같이 가늘고 긴 봉과 일그러진 형태의 것을 현관에 두는 것은 나쁜 기를 부르는 것과 같습니다. 그 결과 집에 있는 사람들이 편안하게 지내지 못하고 집 안이 정신적으로 안정되지 않습니다. 이럴 때는 현관에 타원형과 공, 정사각형 등 정돈된 형상의 오브제(objet)를 두면 안정됩니다. 평소에 사용하는 것을 놓아두는 것은 금물입니다.

현관에 골프 가방을 놓아두면 난잡해지기 쉽습니다. 바로 정리합시다.

 옷걸이에 가방과 코트가 잔뜩 걸렸다

 옷걸이는 방에 두고 나머지는 치웁니다.

옷걸이는 원래 방에 두고 손님이 왔을 때나 젖은 코트를 말릴 때 사용합니다. 현관 앞에 두어서는 안 됩니다. 게다가 옷 등이 잔뜩 걸려있는 등 난잡함이 더해지면 나쁜 기를 부르고 정신적으로도 안정되지 못합니다. 또, 옷걸이의 뾰족한 부분은 아이에게 좋지 않은 영향을 미치므로 치우세요.

옷걸이의 뾰족한 부분은 아이에게 안 좋은 영향을 미치기 때문에 주의합니다.

현관 매트를 전혀 깔지 않았다

현관 매트를 바로 준비해서 깔아두는 것이 가장 좋습니다.

혼자 살다 보면 귀찮아서 현관 매트를 깔지 않는 사람이 꽤 많은데, 이 점을 주의해야 합니다. 외부에서 들어온 나쁜 기를 현관 매트가 떨쳐내는 역할을 하는데 이것이 없으면 나쁜 기가 발에 달라붙은 채로 집 안으로 들어오게 됩니다. 건강에도 좋지 않으므로 반드시 현관 매트를 깔아둡시다.

현관 매트는 한 달에 한번 세탁하는 것은 물론 오래된 것은 바로 다른 매트로 바꿉시다.

현관 앞에 창문이 있다

방 앞에 발을 달아 기의 흐름을 막습니다.

현관 바로 앞에 창문이 있는 방 배치는 대액입니다. 이것은 재물이 빠져나가는 집이라 불리는 방 배치로 들어온 기가 순환하지 못하고 점점 새어나가는 상입니다. 재물운이 점점 새어나가는 방 배치이지만 원룸에서는 자주 볼 수 있습니다. 방 앞에 발이나 커텐을 달아 기가 새어나가는 것을 막읍시다.

창문으로 운기가 점점 새어나갑니다. 즉시 발이나 커텐을 다는 등 대치합시다.

193

현관 바닥에 먼지가 쌓여 있다

 즉시 바닥을 물걸레질해서 깨끗하게 청소합니다!

현관 바닥은 외부 먼지가 잘 떨어지는 곳입니다. 평상시에 별 생각 없이 있으면 어느새 더러워져 있습니다. 특히, 먼지가 쌓여 있으면 먼지가 음기를 흡수하고 건강운을 낮추기 때문에 몸에 악영향을 미칩니다. 현관 바닥은 물걸레질 하면 운기가 향상되기 때문에 한 달에 한 번은 꼭 청소합시다.

음기를 흡수한 먼지에 주의합시다! 바로 청소해서 음기를 흡수하는 것을 막습니다.

 현관 조명이 어둡다

 **바로 전구를 갈아 밝은 현관으로 바꿉니다!**

현관이 어두운 집은 집 안까지 어두운 인상을 줄 수 있습니다. 풍수도 똑같이 현관이 어두우면 음기가 흘러들어 오기 쉬워집니다. 음기는 특히 인간관계에 영향을 주고 안 좋게는 가족과의 불화까지 일으킵니다. 조명을 바꿔 현관이 밝아지면 인간관계도 밝아질 것입니다.

현관이 어두우면 집 안까지 어두워집니다. 조명을 바꿔 밝은 집안을 만듭시다.

우산꽂이에 망가진 우산을 꽂아둔다

망가진 우산은 바로 버리고 새 우산을 삽니다.

우산이 망가졌더라도 그냥 조금 뒤틀린 것이라면 그대로 계속 사용하는 것이 보통이지만 풍수적으로는 좋지 않습니다. 아주 조금이라도 계속 사용하면 작은 악운을 계속 불러일으킵니다. 비싼 우산이면 더 버리기 어렵겠지만 자신에게 맞는 것을 사용하는 센스도 필요합니다.

망가진 우산은 바로 버립시다. 빨리 버리면 악운을 떨쳐버릴 수 있습니다.

  현관 문 정면에 거울이 있다

거울을 천으로 덮어 숨깁니다.

현관 정면에 거울이 있는 것은 좋지 않습니다. 흘러들어 오는 좋은 기를 모두 반사시켜 되돌려 보내기 때문에 기를 얻을 수 없습니다. 그 결과 건강을 해치는 것을 시작으로 여러 가지 악운을 불러들입니다. 바로 거울을 다른 곳으로 옮기든지 천으로 거울을 덮어 기가 반사되는 것을 막습니다.

흘러들어 오는 나쁜 기를 반사시켜서는 안 됩니다. 바로 거울을 다른 곳으로 옮기든지 천으로 덮어둡니다.

  ### 신발장에 신발이 가득 차 있다

바로 정돈하고 신지 않는 구두는 버립니다.

신발장이 난잡한 것은 정신 상태가 흐트러진 것과 같습니다. 그 결과 정신적으로 안정되지 않아 계속 짜증이 납니다. 그런 때는 신발장을 정리하는 것만으로도 마음이 안정될 수 있기 때문에 바로 청소하고 정리정돈 합니다. 신지 않는 신발은 버립니다. 난잡한 것은 풍수적으로도 좋지 않으므로 주의해야 합니다.

신발장에 신발을 막 넣어두고 정리하지 않으면 몸과 마음이 편안하지 않습니다.

  ### 문패에 먼지가 쌓여 있다

바로 먼지떨이개로 청소하지 않으면 재물운이 없어집니다!

문패는 가족의 얼굴, 이른바 상징이라고도 할 수 있습니다. 얼굴과 상징이 지저분한데 돈이 들어올 리 없습니다. 바로 먼지떨이개로 먼지를 털어냅니다. 문패가 오래되었거나 없다면 바꾸는 것도 좋습니다. 만약 바꾸려면 목제로 된 문패로 바꿔 재물운을 향상시킵시다.

문패가 지저분하면 집에 재물운이 들어오지 않습니다. 그때그때 청소합니다.

현관에 인형이 산더미처럼 쌓여 있다

 현관에 인형은 하나만 둡니다.

분명히 인형은 정신적으로 안정되는 효과가 있지만 너무 많은 것도 문제입니다. 수가 많으면 난잡해지고 날이 지날수록 더러워져 음기를 흡수합니다. 이러면 집 안에 나쁜 기가 흐르기 시작하기 때문에 인형은 두더라도 하나만 두는 것이 무난합니다. 나머지는 모두 치웁니다.

인형은 귀엽기 때문에 마음을 안정시키는 효과가 있으나, 만약 둔다면 하나만 놓아두도록 합니다.

 **현관 정면에 화장실이 있는 방 구조다**

 바로 화장실 앞에 발을 달아 기의 흐름을 바꿉니다.

현관 바로 정면에 화장실 문이 있는 집은 주의해야 합니다! 아주 재수가 없는 나쁜 방 배치입니다. 양기가 점점 화장실로 흡수되어 새어나갑니다. 또, 건강운을 시작으로 여러 운기가 새어나가 좋지 않은 일만 일어납니다. 화장실 앞에 발을 달아둡시다.

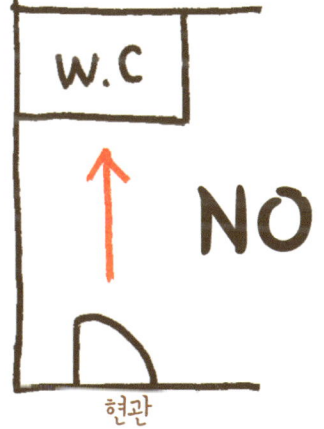

화장실로 운기를 새어나가게 하는 것은 매우 좋지 않습니다. 바로 발을 달아 운기의 흐름을 바꿉시다.

기의 성질을 알면
복도, 부엌, 침실의 운기를 UP!

**길게 쭉 뻗은 기와 위로 올라가는 기는
살기(殺氣)를 부릅니다**

현관으로 들어온 기는 될 수 있는 한 좋게 집 구석구석까지 닿게 해야 합니다. 특히 복도와 계단, 부엌과 식당, 침실은 풍수의 힘을 빌려 마음이 편해지는 장소로 만듭니다.

그렇게 하려면 기의 성질을 제대로 알아야 합니다. 풍수상으로는 길게 쭉 뻗은 기와 위로 올라가는 기는 좋지 않습니다. 만약 그런 기를 부르는 방 배치라면 기가 지나가는 통로에 발을 달아두거나 식물을 두는 등 기의 흐름을 바꿔줍니다.

살기를 억제하는 기 컨트롤 기술

컨트롤 기술 1
차단할 것이 없어 기가 바로 통하는 경우
훤히 트이고 긴 복도는 직접적으로 기가 빠져나가기 때문에 좋지 않습니다. 중간에 화분이나 발 등을 달면 기가 방향을 바꿔 평온해집니다.

컨트롤 기술 2
길고 직접적인 계단이 있어 기가 급상승하는 경우
훤히 트이고 길고 경사가 급한 계단이 있는 집은 기가 급상승하기 때문에 흉입니다. 이 같이 되어 있다면 발을 달거나 해서 기를 차단합니다.

컨트롤 기술 3
벽면에 옷과 소품을 걸어 두는 경우
벽에 옷과 소품을 걸어 두고 있지는 않습니까? 들쭉날쭉하면 사람의 의식도 따라 움직이게 됩니다. 그러므로 옷과 소품은 문이 있는 벽장 등 보이지 않는 곳에 넣어둡니다.

컨트롤 기술 4
문과 문이 마주보고 있는 경우
방 문 앞에 화장실 문이 있거나 문과 문이 마주보고 있으면 기가 불안정해지고 흐트러집니다. 역시 발을 달아 흐트러진 기를 바로잡습니다.

기를 향상시키기 위해 외워야 할 포인트

풍수에서 기의 흐름을 바꿀 수 있는 가구의 배치는 매우 중요합니다. 기를 강화시키는 장소를 알아내어 방의 운기를 더욱 향상시킵니다.

문창위(文昌位)

사무용 책상과 학습용 책상을 이 위치에 두면 상상력과 학습의욕이 강해진다고 합니다. 현관을 바라보고 있는 방향에 따라 위치가 정해집니다.

현관을 바라보고 있는 방향	문창위
북	남
북동	서
동	남서
남동	동
남	북동
남서	북
서	북서
북서	남동

도화위(桃花位)

도화위는 애정운을 향상시켜주는 방위입니다. 이 방위를 깨끗이 청소하고 꽃을 꽂아두면 사랑을 할 기회가 생긴다고 합니다. 출생연도의 간지에 따라 방위가 바뀝니다(166쪽 참조).

간지에 따른 도화위의 방위

- 동 : 범띠, 말띠, 개띠인 사람
- 남 : 소띠, 뱀띠, 닭띠인 사람
- 서 : 쥐띠, 용띠, 원숭이띠인 사람
- 북 : 토끼띠, 양띠, 돼지띠인 사람

재위(財位)

재위는 기가 모이는 중요한 장소로 재물운이 좋아지는 곳입니다. 방 출입구에서 대각선상에 있는 장소로 출입구의 위치에 따라 장소가 바뀝니다(아래 그림 참조).
재위 방위에는 물을 놓아서는 안 됩니다.

문이 한쪽에 있는 경우

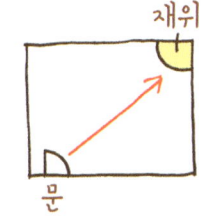

문이 중앙에 있는 경우

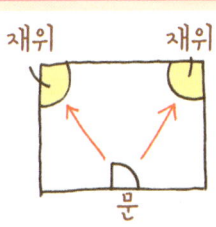

방 출입구 대각선상에 킥이 없는 경우

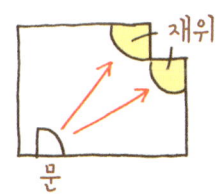

복도, 계단의 운기를 UP!

현관을 통해 집 안으로 들어온 기는 복도와 계단을 통해 각 방으로 들어갑니다.

현관에서 복도가 바로 쭉 뻗어있는 건물은 기의 변화 없이 한번에 빠져나가기 때문에 흉(살기)이라 합니다. 현관 직선상에 위치한 계단은 위로 올라가는 성질이 있는 기가 모이기 때문에 좋지 않습니다.

이 같은 직선상에 있는 기를 막기 위해서는 복도와 계단 중간에 발을 달거나 식물을 옆에 두어 기의 흐름을 바꾸는 것이 좋습니다.

운기를 UP시키는 체크 포인트

☐ **복도와 계단에 여러 물건을 두지 않는다**
좋은 기가 통하게 하려면 복도와 계단에 물건을 두지 않는 것이 원칙입니다. 종이 상자나 오래된 책 등은 깔끔하게 치워둡니다.

☐ **긴 복도에는 발을 달자**
긴 직선은 살기가 빠져나가기 때문에 흉을 부릅니다. 중간에 발을 달아 기의 흐름을 꺾어 살기를 완화시킵니다. 식물을 두는 것도 좋습니다.

☐ **벽에 옷과 소품을 걸어 두지 말자**
코트와 가방을 복도에 걸어 두는 사람이 많은데, 벽에 물건이 어수선하게 걸려있는 것은 좋지 않습니다. 벽장 등 문이 있는 수납 가구에 넣어둡니다.

☐ **현관에서 바로 보이는 계단에는 발을 달자**
현관에서 기가 바로 불어들어 오는 계단은 2층으로 모든 살기를 가져가 버립니다. 발을 달아 살기가 급상승하는 것을 막습니다.

☐ **직선적이고 경사가 급한 계단을 피하자**
기를 우회시키기 때문에 계단은 나선형과 층계참이 있는 타입이 가장 좋습니다. 그러나 바로 위층으로 연결되는 계단이라면 역시 발을 다는 등 대처하여 살기를 막습니다.

복도, 계단에 관한 풍수 고민 상담실

A씨의 경우

경영하는 회사의 실적 부진으로 스트레스가 쌓여요

현관 앞에 계단이 바로 있고 복도에 코트와 오래된 책이 산더미처럼 쌓여 있습니다.

이점을 개선

이 집은 현관에서 창문까지 복도로 이어져 있는 재물이 빠져나가는 집이기 때문에 돈이 새어나가기만 합니다. 복도 중간에 발을 달아 직선상에 있는 기를 완화시킵니다. 복도에 물건을 두지 않도록 합니다.

개선결과

복도에 발을 달고 놓아둔 물건을 정리했습니다. 기분이 상쾌해진 탓인지 판단 실수가 줄어들고 실적 부진도 개선했습니다.

B씨의 경우

2층에 있는 아들이 등교 거부를 해요

현관 정면에 있는 계단을 오르면 바로 아들의 방이에요. 그 아들이 지금 등교 거부를 하고 있어요.

이점을 개선

현관 문 앞에 직선으로 계단이 있으면 현관에서 들어온 살기가 모두 2층으로 올라가 버리기 때문에 계단 중간에 발을 달아 살기가 2층으로 올라가지 않도록 합시다.

개선결과

계단에 발을 달자 아들의 기분이 무척 좋아졌습니다. 그 후 방을 1층으로 옮겼더니 조금씩 학교에 가게 되었습니다.

부엌, 식당의 운기를 UP!

풍수에서 식(食)은 매우 중요한 의미가 있습니다. 그러므로 부엌과 식당을 풍수에 맞추어 배치하는 것은 매우 중요합니다.

불과 물을 사용하고 음식물 쓰레기가 나오는 부엌은 집에 있는 기의 균형을 무너뜨리기 쉬운 곳입니다. 밝고 청결하게 유지합시다. 불을 사용하는 가스레인지는 바깥과 복도, 다른 방에서 잘 보이지 않는 곳에 설치합니다.

운기를 UP 시키는 체크 포인트

☐ **가스레인지 앞에 창문이 있다**
불을 취급하는 가스레인지는 되도록 집 밖에서 보이지 않도록 합니다. 가스레인지 앞에 창문이 있다면 블라인드를 쳐 밖에서 보이지 않도록 합니다.

☐ **가스대에 섰을 때 뒤에 출입구가 있다**
출입구 정면, 현관과 복도에서 완전히 보이는 장소에는 가스레인지를 두지 않도록 합니다. 작업 중에 조리사가 등 뒤로 기를 직접 받기 때문입니다.

☐ **가스레인지 정면에 식탁이 있다**
불을 사용해 기가 흐트러지기 쉬운 가스레인지를 식탁 정면에 두지 않도록 합니다. 될 수 있는 한 식사는 다른 장소에서 합니다.

☐ **시스템 부엌의 전자레인지 주변에는 칸막이를 둡니다**
개방적인 시스템 부엌도 같습니다. 가스레인지와 전자레인지 주변만은 앞에 칸막이를 두어 작업 중에 등 뒤에서도 될 수 있는 한 보이지 않도록 합니다.

☐ **부엌 출입구가 다른 방문과 마주보고 있다**
기가 흐트러지기 쉬운 장소인 만큼 다른 방의 출입구와 부엌 출입구가 마주보고 있지 않게 합니다. 만약 마주보고 있는 경우에는 블라인드를 답니다.

부엌, 식당에 관한 풍수 고민 상담실

C씨의 경우

몸 상태가 좋지 않고 불면증이 있어요

통풍이 잘 되도록 가스레인지 앞에는 창문이 있고 마주보는 장소에는 문이 있어요.

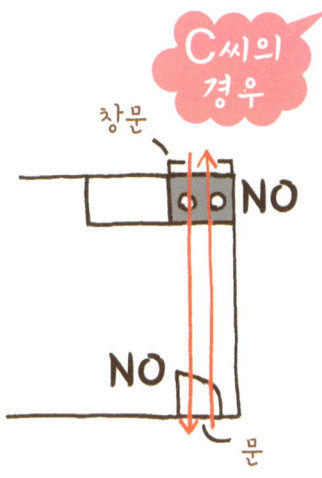

이점을 개선

가스레인지 등의 불은 밖에서 보이지 않도록 해야 합니다. 창문과 문 쪽에 두는 것은 좋지 않습니다. 가스레인지 앞 창문에는 블라인드를 치고 등쪽 출입구에는 발을 답니다.

개선결과

블라인드와 발을 달았습니다. 안정감있게 작업할 수 있어 몸도 좋아진 것 같습니다. 또, 잠도 조금씩 잘 수 있게 되었습니다.

D씨의 경우

시스템 부엌으로 바꾼 뒤로 부부관계가 악화되었어요

예전부터 간절히 바라던 시스템 부엌으로 바꾼 뒤 부부싸움이 늘고 식사하는 것도 전혀 즐겁지 않게 되었어요.

이점을 개선

시스템 부엌은 개방적이지만 풍수직으로는 숨겨야 할 장소가 있습니다. 가스레인지 등 불 주변 앞에는 칸막이를 달아 조리할 때의 뒷모습이 보이지 않도록 합니다.

개선결과

내키지 않지만 부엌에 칸막이를 달아봤습니다. 왠지 기분이 안정되고 짜증도 줄었습니다.

침실의 운기를 UP!

침실과 침대가 있는 방은 가장 긴 시간을 보내는 장소입니다. 숙면을 취하기 위해서라도 편안해야 합니다. 소음과 불쾌감, 음기를 피하는 것은 물론 불안정한 기의 영향을 가장 받기 쉬운 장소이므로 방 배치와 가구 배치에 특히 주의해야 합니다.

숙면을 취하지 못하거나 금방 피로해지는 경우에는 침대의 위치와 거울의 유무를 한번 검토해봅니다.

운기를 UP시키는 체크 포인트

☐ **문이 다른 출입구와 마주보고 있는 경우에는 발을 달자**
불안정한 기를 받기 쉬운 침실은 특히 이런 방 배치를 피해야 합니다. 문 앞에 발을 달아 기를 안정시키세요. 현관, 화장실, 계단과 마주보고 있는 경우도 마찬가지입니다.

☐ **문 정면에 침대를 두지 말자**
침실 문과 창문에서 들어오는 기를 직접 받는 장소에 침대를 두어서는 안 됩니다. 어쩔 수 없는 경우에는 발과 칸막이, 커튼 등을 답니다.

☐ **침대는 문의 대각선상에 두자**
침대 배치에도 가장 좋은 것은 재위(85쪽 참조)에 머리가 오도록 두는 것입니다. 머리를 들면 문이 보이는 위치라는 것을 잊지 마세요.

☐ **거울은 두지 말든가 천으로 덮어두자**
거울은 기를 활성화시키기 때문에 침실에 두는 것은 좋지 않습니다. 특히 머리와 발밑을 비추는 위치에는 두지 맙시다. 거울을 사용하지 않을 때는 반드시 천으로 덮어둡니다.

☐ **침대 위 천장에 들보가 있다**
침실 천장에 들보가 있다면 그 아래에는 침대를 두지 않도록 합니다. 흐트러진 기를 직접 받을 수 있기 때문입니다. 벽과 들보 앞에는 관엽식물을 둡니다.

☐ **조명이 너무 밝지 않도록 하자**
기분을 안정시키기 위해서 조명은 밝은 것보다 조금 어둡다고 느낄 정도가 가장 좋습니다. 호텔과 여관에서 자주 볼 수 있는 간접조명은 침실 조명으로 가장 좋은 본보기입니다.

침실에 관한 풍수 고민 상담실

좀처럼 잠이 들지 못하고 부부가 싸우기만 합니다

다이어트 중이라 전신을 체크할 수 있도록 침실에 큰 거울을 두었는데, 남편과 싸움이 잦아요.

이점을 개선

자고 있는 모습이 보이는 장소에 거울을 두는 것은 옳지 않습니다. 사용하지 않을 때는 거울을 천 등으로 덮어 보이지 않도록 합니다. 문 가까이에 침대 머리가 있는 것도 최악의 배치입니다. 조명도 너무 밝아 쉽게 잠들지 못하는 것입니다.

개선결과

침대의 위치를 바꾸고 거울을 천으로 덮어 두었더니 푹 잘 수 있게 되었습니다. 정신적으로 안정되어서인지 부부싸움도 줄고 정상 체중 달성도 바로 코 앞입니다.

자기 전 불안해집니다

바라던 좋은 직장으로 옮겨 희망에 가득 차 있지만 자기 전 매우 불안합니다. 또, 잠을 자고 일어나도 개운하지 않습니다.

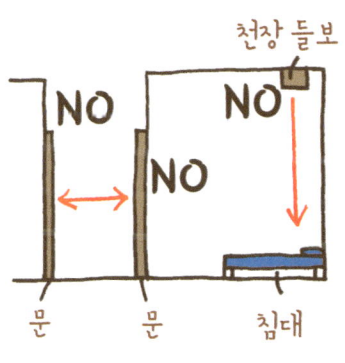

이점을 개선

침실 문이 다른 출입구와 마주보고 있으면 기가 불안정해지고 정신적으로 혼란을 가져옵니다. 문 앞에 발을 달거나 해서 운기를 안정시킵니다. 또, 천장 들보 아래에 침대를 두는 것도 좋지 않습니다.

개선결과

문 앞에 발을 달고 침대의 위치를 조금 옮겼습니다. 조금 지나니 매사를 긍정적으로 생각하게 되고 푹 잘 수 있어 심신도 건강해졌습니다. 새로운 직장에서 열심히 일할 수 있을 것 같습니다.

잘못된 방 배치를 생기있게 만드는 풍수 테크닉

돈이 모이지 않는 것은 방 배치 때문?

재물이 모이지 않는 주택

재물이 모이지 않는 주택이란 현관에서 창문까지 중간에 아무것도 없고 일직선으로 되어 있는 방 배치를 가리킵니다. 현관으로 들어온 기가 살기가 되어 빠져나가기 때문에 특히 재물운이 새어나가는 방 배치입니다.

방 배치가 이렇게 되어 있는 경우에는 중간에 발을 달거나 관엽식물을 둡시다.

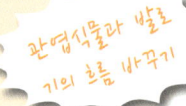
관엽식물과 발로 기의 흐름 바꾸기

구체적인 예로 보는 좋고 나쁜 가구 배치

거실의 경우

이 점이 포인트
소파는 편히 쉴 수 있는 장소에 두자

거실은 편히 쉴 수 있는 공간이어야 합니다. 특히 편히 쉬기 위한 소파는 앉았을 때 등이 출입구를 향하지 않도록 하고 천장의 들보와 조명기구 바로 아래에는 두지 마세요.

거실의 경우

이 점이 포인트
테이블은 둥글고 목제로 된 것을 두자

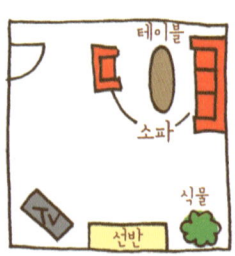

풍수상으로는 공간의 균형을 맞추는 것이 가장 중요합니다. 가구 배치를 안정되게 하고, 테이블은 각이 있는 것보다 둥근 원형이나 타원형을 선택하며 숯바구니 등 평온한 기를 만드는 소품을 고릅니다.

인테리어 코디네이터와 풍수

공간의 균형을 중시한 풍수

풍수에 맞추어 방을 만든다고 하면 젊은 사람들이 '풍수 아이템은 고리타분해서 놓기 싫어! 제약조건이 많아서 짜증나! 방을 멋지게 꾸밀 수 없어서 싫어!'라고 외치는 소리가 들려오는 듯합니다. 그러나 본래 풍수란 환경을 다듬고 심신의 균형을 보다 좋은 상태로 유지하기 위한 것입니다. 오랜 경험의 산물로 미신이라고 할 수 없습니다.

풍수에 맞춘 배치와 색깔

풍수에 맞춘 인테리어 배치의 원칙은 가구를 방의 벽면과 평행하게 두는 것입니다. 평행하게 두지 않으면 불안정한 기가 흐르게 됩니다. 예를 들면, 삼각형 테이블은 기의 균형을 흐트러지게 하기 때문에 되도록 피합니다.

또, 풍수에서는 색깔도 아주 중요합니다. 풍수에서 색깔은 공간을 둘러싼다는 의미가 있기 때문에 마음이 편해지고 안정되는 균형있는 좋은 배색으로 골라야 합니다.

맑게 갠 날에는 가구 배치를 바꿔보자!

풍수에서 방은 살아있습니다. 방도 가구도 각각 기의 에너지를 발산하고 있습니다.

일이 계속 잘 풀리지 않거나 기분이 풀리지 않거나 하면 날씨가 좋은 날을 골라 가구 배치를 바꿔보세요.

할 수 있는 선에서 풍수에 맞춰 배치를 바꿔보는 것만으로도 매일 밝고 빛나게 시작할 수 있을 것입니다.

현관 풍수 기본 상식으로 전체운, 금전운, 애정운 등을 향상시키자!

 **풍수 인테리어 적용을 위한 Q & A**
~각 방의 운기편~

 현관과 계단의 위치는 풍수에서 매우 중요하다. 다음 중 피해야 할 배치는?

① 현관에서 계단 입구가 보인다.
② 현관과 계단 입구가 바로 마주보고 있다.
③ 현관 바로 앞에 계단이 있다.

현관으로 들어온 기가 바로 계단을 올라가지 않도록 현관과 계단이 마주보는 배치는 피합니다. 만약 이렇게 되어 있다면 발을 달아둡니다. (정답 ②)

 각 방으로 기를 옮기는 복도. 다음 중 조심해야 할 점은?

① 미끄러져 기를 옮길 수 없도록 광이 나게 닦지 않는다.
② 안정되도록 조금 어둡게 해둔다.
③ 코트와 소품을 벽에 걸어 두지 않는다.

들쭉날쭉한 것에 따라 사람의 의식도 움직입니다. 좋은 기를 옮기기 위해서 복도에는 아무것도 걸어 두지 않는 편이 좋습니다. (정답 ③)

 다음 중 가스레인지 앞에 창문이 있는 경우 어떻게 하는 것이 가장 좋을까?

❶ 밖에서 보이지 않도록 블라인드를 친다.
❷ 광이 나게 닦아서 밖에서 보이도록 둔다.
❸ 주변에 꽃을 꽂아둔다.

가스레인지는 불을 사용하기 때문에 기가 불안정합니다. 그러므로 밖과 복도, 다른 방에서 보이지 않도록 블라인드와 커튼, 발을 달아두는 것이 좋습니다.

정답 ❶

 다음 중 부엌이 집 중심에 있을 때 대처해야 할 행동은?

❶ 물을 다루는 것이 중심에 있는 것은 흉! 다시 새롭게 고쳐야 한다.
❷ 깨끗하게 청소해두면 문제없다.
❸ 부엌을 하얗게 칠하면 좋다.

풍수상 부엌이 중심에 있는 것은 절대 안 되는 일은 아닙니다. 깨끗이 사용하고, 그래도 신경이 쓰인다면 행운의 색(노란색)으로 꾸며주세요.

정답 ❷

 재위란 기가 모여 재물이 모이는 중요한 장소이다. 다음 중 이곳에 두면 좋은 가구는?

❶ 책장
❷ 텔레비전
❸ 침대

그 밖에 재위에 두면 좋은 것으로 에어컨, 관엽식물, 소파, 오디오 등이 있습니다. 침대는 재위로 머리 부분이 오도록 둡니다.

정답 ❷❸

 다음 중 숙면을 취하기 위한 침대 배치로 주의해야 할 점은?

① 기가 불안정해지는 천장의 들보 밑은 피한다.
② 침대 베개는 동쪽에 두는 것이 좋다.
③ 의외로 머리를 북쪽으로 향하게 하는 것이 좋다.

천장 들보 밑은 기가 흐트러져 편안하게 잘 수 없습니다. 또, 모든 사람에게 좋은 방향이란 없습니다.

정답 ①

 다음 중 침대에 누웠을 때 머리가 문과 창문을 향한다면 해야 할 일은?

① 침대와 문에 커튼과 발을 달아둔다.
② 문과 창문에 풍수 물건을 단다.
③ 어떤 사정이 있더라도 침대의 위치를 바꾼다.

확실히 이것은 피해야 할 배치입니다. 그러나 어쩔 수 없는 경우는 커튼과 발을 달아 기를 막으면 됩니다.

정답 ①

 다음 중 길방위에 두는 편이 좋은 가구는?

① 컴퓨터
② 장롱
③ 전기 제품

풍수에서 길방위에는 '움직이는 동(動)'의 요소가 강한 것, 흉방위에는 '고요한 정(静)'의 요소가 강한 것을 배치하는 것이 원칙입니다.

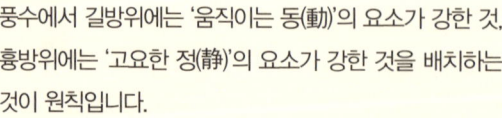  

정답 ①③

 화장대와 전신 거울에서 피해야 할 것은?

❶ 항상 반짝반짝하게 닦아둔다.
❷ 현관 정면에 거울을 둔다.
❸ 침실에 경대가 있다.

현관 정면에 거울을 두거나 침실에 거울을 두는 것은 좋지 않습니다. 사용하지 않을 때는 천으로 덮어둡니다.

 정답 ❷❸

Q10 다음 중 좋은 운기가 모두 지나쳐 버리는 재물이 빠져나가는 주택의 방 배치란?

❶ 현관 바로 앞에 창문과 베란다가 있다.
❷ 현관으로 들어가 좌측으로 꺾은 곳에 창문이 있다.
❸ 현관에서부터 이어지는 복도 앞에 창문이 있다.

둘 다 기가 집을 통과해버리는 전형적인 재물이 빠져나가는 주택입니다.

 정답 ❶❸

 다음 중 방에 기구를 둘 때 피해야 할 배치는?

❶ 방 벽과 평행하도록 가구를 둔다.
❷ 문쪽으로 등을 향하게 소파를 둔다.
❸ 둥글고 목제로 된 테이블을 둔다.

소파와 침대처럼 편히 쉬기 위한 가구를 기가 흐트러지기 쉬운 문 앞이나 조명기구 아래 두어서는 절대 안 됩니다.

 정답 ❷

나가며

이 책을 발간하게 되어 정말 기쁩니다. 이 책을 읽은 당신도 조금이나마 풍수 인테리어에 대해 잘 알게 되었으리라 믿습니다. 아마 '이 책을 읽고 나서 저도 모르게 자연스럽게 풍수 인테리어를 하고 있었어요!'라고 하는 분이나 '이제 이건 이쪽에 둘까?'라고 생각하는 분도 분명 많이 있었으리라 생각합니다. 지금 할 수 있는 범위부터 실행해 보세요. 풍수 인테리어는 저도 물론 실천하고 있습니다.

사실 저는 아주 소극적인 아이였습니다. 사람들이 많은 곳에서 앞에 나서서 이야기를 한다거나 공공장소에 가는 것을 정말 싫어했습니다. 하지만 대화를 많이 할 수 있는 일이 하고 싶고, 사람들에게 더욱 사랑받는 사람이 되고 싶다는 생각으로 풍수 인테리어를 받아들이면서 지금의 제가 되었습니다. 아직은 많이 부족해보이겠지만 예전의 저에 비해서는 180도로 바뀌었습니다.

처음에는 풍수적으로 꾸민 방이 너무 불편하기도 했습니다. 지금까지의 저와 다른 사람이 되기 위해 저에게 없었던 운기를 흡수하려고 했기 때문에 적응되지 않는 환경이 불편했던 것입니다. 당신도 처음에는 새로운 환경에 적응되지 않겠지만 시간이 지나면 점점 적응되어 있는 자신을 보게 될 것입니다.

저의 고민을 토대로 아버지인 Dr. COPA가 만들어준 환경은 인간관계를 원만하게 해주고, 많이 사랑받을 수 있도록 힘을 주는 방이었습니다. 원래 항상 소극적으로 생각했기 때문에 사교적이지 못했던 저에게는 위화감을 주는 방이었습니다. 그것을 아버지에게 털어놓았더니 "환경이 바뀌고 3개월 정도가 지나면 좋은 운기는 저절로 네 것이 될 거란다. 방을 자주 청소해서 방에게 사랑받도록 하려무나."라고 말씀하셔서 열심히 청소하고 인테리어도 바꿔보면서 방에서 많은 시간을 보내게 되었습니다. 3개월 정도가 지나니 깜짝 놀랄 정도로 아주 좋은 일이 계속해서 일어났습니다. 그리고 그 결과, 지금의 제가 되었습니다.

어디를 가든지, 무엇을 하든지 소극적이었던 제가 다른 사람처럼 확 바뀔 수 있게 만들어준 인테리어 풍수. 행복해지는 비결이 이 책에 있습니다. 이 책으로 저처럼 당신도 원하는 행복을 손쉽게 얻을 수 있기를 바랍니다.

찾아보기

숫자

8방위	22
9방위	22

ㄱ~ㄴ

가정운	50, 96, 98
간(艮)	156–157
감(坎)	156–157
개수대	76
개운 아이템	147
개운청소	118, 120, 122, 124
건(乾)	156–157
건강운	51–52, 154
겉귀문	22, 24
결혼운	114

곤(坤)	156–157
관엽식물	51, 170–171
구자화성	31
귀문	21, 22
귀문 라인	22
금전운	23, 41, 51, 148, 149
기 컨트롤 기술	198
길방위	156
길방위표	31–40
길상	21
남주작	166

ㄷ~ㅂ

대액	193
도화위	172, 184, 199

돌출	24-25	ㅅ	
드라이 플라워	65	사록목성	31, 35
라벤더	85	사신수	166
메신저	144	사업운	22-23, 50, 64, 96-98
모성	23	살기(殺氣)	198
문창위	199	삼벽목성	31, 34
방향제	65, 84	삼족 두꺼비	175
배색	206-207	생화	170
베이킹 소다	117	소금	62
본명성 계산법	157	소액	191
본명성	30, 156	소취제	168
본명성표	37	속귀문	22-24
봉황	174	손(巽)	156-157
북현무	166	수납함	29

찾아보기

ㅇ

아로마	59
애정운	84, 94, 108-109, 150-151
오닉스	186
오행	156
오황토성	31, 36
용맥	24
우백호	147, 166
운기의 영향	47
운기의 종류	50-51
운수	171
유형별 행운점	24
육백금성	31, 37
의식주유심	19
이(離)	156-157
이사운	46
이흑토성	31-33
인간관계운	64
일백수성	31-32

ㅈ~ㅌ

자식복	23
재능	23
재위	199
전체운	23, 100, 102
절대자의 가호	23
좌청룡	147
중액	191
진(震)	156-157
천연세제	117
추시계	146
칠적금성	31, 38
태(兌)	156-157

ㅍ~ㅎ

팔괘	156
팔백토성	31, 39
팔택파	156
편백나무	93
풍수 물건	174
풍수 테크닉	206
풍수 현관	146
풍수술	20
풍수학	152

호안석	186
홍수정	151
환경개운학	18
흉방위	26-30
흠	30
힘의 세기	46

ㅎ

행운 체질	54
행운을 부르는 5가지 규칙	145
행운점	21, 24
현관 수납	100-103

풍수 인테리어

2018년 6월 5일 개정 2판 1쇄 발행
2021년 8월 25일 개정 2판 3쇄 발행

지은이 | 고바야시 미호, Mr. 류
감역 | 원곡 곽민석, 김윤곤
옮긴이 | 김소라
펴낸이 | 이종춘
펴낸곳 | (주)첨단

주소 | 서울시 마포구 양화로 127 (서교동) 첨단빌딩 3층
전화 | 02-338-9151
팩스 | 02-338-9155
인터넷 홈페이지 | www.goldenowl.co.kr
출판등록 | 2000년 2월 15일 제 2000-000035호

본문 디자인 | 북누리, 윤선미
전략마케팅 | 구본철, 차정욱, 나진호, 이동후, 강호묵
제작 | 김유석
경영지원 | 윤정희, 이금선, 최미숙

BM 황금부엉이는 ㈜첨단의 단행본 출판 브랜드입니다.

ISBN 978-89-6030-505-2 13180

- 값은 뒤표지에 있습니다.
- 잘못된 책은 구입하신 서점에서 바꾸어 드립니다.
- 이 책에서 안내하는 내용은 저자의 주관적인 견해입니다.
  저자와 출판사는 책의 내용에 대한 민.형사상 책임을 지지 않습니다.
- 이 책은 신저작권법에 의거해 한국 내에서 보호를 받는 저작물이므로 무단 전재 및 복제를 금합니다.
- 이 책은 『생활 속 풍수 인테리어』와 『현관 풍수 인테리어』를 합본하고 내용의 일부를 수정한 개정판입니다.

황금부엉이에서 출간하고 싶은 원고가 있으신가요? 생각해보신 책의 제목(가제), 내용에 대한 소개, 간단한 자기소개, 연락처를 book@goldenowl.co.kr 메일로 보내주세요. 집필하신 원고가 있다면 원고의 일부 또는 전체를 함께 보내주시면 더욱 좋습니다.
책의 집필이 아닌 기획안을 제안해주셔도 좋습니다. 보내주신 분이 저 자신이라는 마음으로 정성을 다해 검토하겠습니다.

황금부엉이, 일상의 행복을 만들다

▶▶▶▶▶

행복한 만들기

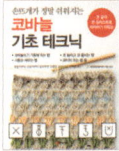
코바늘 기초 테크닉
부티크사 편 | 이은옥 옮김
값 12,000원

손뜨개 인형 아미구루미 백과
applemint 편 | 안은희 옮김
값 13,000원

손뜨개 아기 옷
일본보그사 지음 | 이은옥 옮김 | 값 12,000원

사랑스런 코바늘 손뜨개 소품
엔도 히로미 지음 | 고심설 옮김
값 12,000원

스타 스티치로 뜨는 겨울 소품
문화출판국 편
이은옥 옮김 | 값 11,000원

북유럽 스타일 에코 수세미
수부요 행님세 편
이은옥 옮김 | 값 12,000원

엠마의 손뜨개로 꾸미는 집
엠마 램 지음 | 이순선 옮김
값 13,800원

입체 꽃 자수
아플리에 떼 지음
이은옥 옮김 | 값 12,000원

처음 시작하는 원포인트 자수 스티치 500
applemint 편 | 이은옥 옮김
이순희 감수 | 값 9,800원

프랑스 꽃 자수
토츠카 사다코 지음
이은옥 옮김 | 이순희 감수
값 13,000원

작고 귀여운 프랑스 자수 소품
일본보그사 지음
이은옥 옮김 | 이순희 감수
값 12,000원

특별한 날과 발표회 옷 만들기
일본보그사 지음 | 이은옥 옮김
값 12,800원

가방과 파우치 만들기
일본보그사 지음 | 고심설 옮김
코하스아이디 소잉스토리 감수
값 13,500원

말괄량이의 인형옷 만들기
말괄량이 김화희 지음
값 22,000원

자수 소품 레시피
민해림 지음
값 15,000원

말괄량이의 러블리 인형옷 만들기
말괄량이 김화희 지음
값 22,000원

스토리 퀼트
다카하라 유카리 지음
이은옥 옮김 | 값 14,800원

▶▶▶▶▶ 살고 싶은 집

심플 수납 인테리어	이케아 수납 인테리어 170	생활 속 풍수 인테리어	현관 풍수 인테리어	파리의 작은 집 인테리어
Mari 지음 | 김성은 옮김	학연출판사 편	고바야시 미호 지음	고바야시 미호 지음	스미노 키이토 외 지음
값 13,000원	김성은 옮김 | 값 11,000원	곽민석, 김윤곤 감역	곽민석, 김윤곤 감역	안은희 옮김 | 값 11,800원
		김소라 옮김 | 값 9,800원	김소라 옮김 | 값 9,800원	

심플 & 화이트 인테리어
히요리 지음
안은희 옮김 \| 값 12,800원

▶▶▶▶▶ 살림의 고수

빠르고 간편한 살림법	마법의 정리·수납 시스템	세상에서 제일 쉬운 식초 살림백과	세상에서 제일 쉬운 베이킹 소다 살림백과
giomi 편집부 지음	mk 지음 | 안은희 옮김	빅키 랜스키 지음 | 생활의지혜	빅키 랜스키 지음 | 생활의지혜
안은희 옮김 | 값 12,000원	값 12,900원	연구회 편역 | 값 11,900원	연구회 편역 | 값 11,900원

▶▶▶▶▶ 나를 만드는 음식

핫 샌드위치 레시피 43	로푸드 디저트 레시피	에브리데이 홈메이드 커피 레시피	오늘의 샐러드
나리사와 아사코 지음	나카사토 소노코,	다구치 마모루 편 | 박한돔 옮김	노구치 마키 지음
고삼성 옮김 | 값 12,000원	야마구치 초코 지음	김창진 감수 | 값 13,500원	김성은 옮김 | 값 13,000원
	김성은 옮김 | 값 11,800원		